Equilibra tus chakras con cristales

Carmen de la Torre Peña

EQUILIBRA TUS
CHAKRAS
CON CRISTALES

Usos y ejercicios para equilibrarlos
y elevar tus vibraciones

GUÍA PRÁCTICA

MADRID - MÉXICO - BUENOS AIRES - SANTIAGO

2017

© 2016, Carmen Pilar de la Torre Peña
© 2017. De esta edición, Editorial EDAF, S. L. U. Jorge Juan, 68. 28009 Madrid

Diseño de cubierta: Carlos Melcón
Imágenes de interior cedidas por la autora

Editorial Edaf, S.L.U.
Jorge Juan, 68. 28009 Madrid, España
Tel. (34) 91 435 82 60
www.edaf.net / edaf@edaf.net

Algaba Ediciones, S. A. de C.V.
Calle 21, Poniente 3323, Colonia Belisario Domínguez
Entre la 33 Sur y la 35 Sur
Puebla 72180, México
Tel.: 52 22 22 11 13 87
jaime.breton@edaf.com.mx

Edaf del Plata, S. A.
Chile, 2222
1227 Buenos Aires, Argentina
edaf4@speedy.com.ar

Edaf Chile, S. A.
Coyancura, 2270, oficina 914, Providencia
Santiago - Chile
comercialedafchile@edafchile.cl

Queda prohibida, salvo excepción prevista en la ley, cualquier forma de reproducción, distribución, comunicación pública y transformación de esta obra sin contar con la autorización de los titulares de propiedad intelectual. La infracción de los derechos mencionados puede ser constitutiva de delito contra la propiedad intelectual (art. 270 y siguientes del Código Penal). El Centro Español de Derechos Reprográficos (CEDRO) vela por el respeto de los citados derechos.

Primera edición: mayo de 2017

ISBN: 978-84-414-3743-2
Depósito legal: M-11208-2017

PRINTED IN SPAIN   IMPRESO EN ESPAÑA
           COFÁS, S. A. - Móstoles (Madrid)

A mis hijas Carolina y Lidia.
A Fer, mi amor.

ÍNDICE

AGRADECIMIENTOS	17
INTRODUCCIÓN	19
1. LA ELECCIÓN DEL CRISTAL	21
Amor a primera vista	23
De acuerdo a sus propiedades	24
Radiestesia	24
El péndulo	26
2. PREPARACIÓN DEL CRISTAL	27
Limpieza	27
Métodos	28
• Enfocar la energía Universal	28
• Reiki	29
• Incienso	29
• Agua corriente	29
• Sal	30
Sintonización	30
Activación de manos	30
Programación	33

3. CONEXIÓN A TIERRA	35
4. LOS CHAKRAS	41
5. LOS CHAKRAS MAYORES	43
6. LOS CHAKRAS Y EL AURA	45
Primera capa	45
Segunda capa	47
Tercera capa	49
Cuarta capa	49
Quinta capa	50
Sexta capa	50
Séptima capa	51
7. LOS CHAKRAS Y LOS CRISTALES	53
8. CÓMO EMPEZAMOS A TRABAJAR	55
9. TRATAMIENTO EN EL CUERPO: PREPARACIÓN.	59
10. CHAKRA ESTRELLA DE LA TIERRA	61
1. Relacionado con...	61
2. Test sobre el estado de tu chakra Estrella de la Tierra	62
3. Cristales que resuenan especialmente con el chakra de los pies o con el cuerpo físico (cristales marrones y negros) ..	63
Cuarzo ahumado	64
4. Órganos relacionados	69
5. Ejercicios	72
Tratamiento de un órgano	73
Fortalecer y equilibrar la conexión a tierra	76
Disipar dificultades para ver la realidad	78
6. Otros ejercicios de interés: triangulaciones	78

Espiral	79
Círculo protector	79
Triangulación sencilla	81
Es tu turno... Ejercicios prácticos de la unidad	83
Meditación. Meditación chakra Estrella de la Tierra	84

11. CHAKRA PRIMERO O RAÍZ ... 87

1. Relacionado con...	87
2. Test sobre el estado de tu chakra primero	88
3. Cristales que resuenan con el chakra raíz (cristales rojos)	89
4. Órganos relacionados	93
5. Ejercicios con cristales y chakra raíz	93
Conexión a Tierra	93
Eliminar formas de pensamiento negativas y limitantes	97
Liberar enfado y tensiones	102
Dependencias: alcohol, comida, tabaco...	102
Anginas y problemas de garganta	104
Es tu turno... Ejercicios prácticos de la unidad	106
Meditación. Meditación chakra raíz	107

12. CHAKRA SEGUNDO ... 109

1. Relacionado con...	109
2. Test sobre el estado de tu chakra segundo	111
3. Cristales chakra segundo (cristales naranjas)	113
4. Órganos relacionados	114
5. Ejercicios con cristales y chakra segundo	116
Equilibrar segundo chakra	116
Equilibrar lado masculino-femenino	118
Activación de energía creativa-líbido	121

Recuperar nuestra energía sexual perdida 124
Limpieza de la capa emocional 126
Equilibrio chakra 2-hígado-bazo 127
Recuperaremos la fuerza vital de nuestro cuerpo 128

Es tu turno… Ejercicios prácticos de la unidad 129
Meditación 130

13. CHAKRA TERCERO 133

1. Relacionado con… 133
2. Test sobre el estado de tu chakra tercero 134
3. Cristales chakra tercero (cristales amarillos) 136
4. Capa tercera del aura y tercer chakra 139

   Etiquetas 141
   Autocrítica 143
   Frases hechas 145

5. Órganos relacionados 148
6. Ejercicios con cristales y tercer chakra 148

   Visualización, limpieza y dar amor a nuestros órganos internos 148

   Relaciones tóxicas, rotas… 153
   Aumentar la alegría de vivir 154
   Mejorar la digestión, gastroenteritis y otras molestias digestivas 157
   Pérdida de peso. Encontrar la causa 157

   Cómo dar la vuelta a las etiquetas, autocríticas y frases que hemos admitido como verdaderas 163

   Autocrítica 164
   Etiquetas y frases admitidas como verdaderas 166

 Es tu turno… Ejercicios prácticos de la unidad 169
 Meditación. Visita al Templo de la Llama Dorada de la Resurrección 170

14. CHAKRA CUARTO 173

1. Relacionado con… 173
2. Test sobre el estado de tu chakra cuarto 174
3. Cristales chakra cuarto (cristales rosas y verdes) 176
 Influencia sobre el cuerpo mental y emocional 178
4. Capa cuarta del aura y cuarto chakra 182
5. Órganos relacionados 183
6. Ejercicios con cristales y cuarto chakra 184
 Sincronizar pineal-corazón-manos 184
 Eliminar bloqueos, miedos… que nos alejan de la alegría de vivir 185
 Trabajar la autoestima 188
 Dolor de corazón, angustia, ansiedad 190
 Sanar un mal recuerdo 190
 Aceptación del cuerpo físico 193

 Es tu turno… Ejercicios propuestos en la unidad 195
 Meditación. Visita al Templo de la llama del Amor Eterno. 196

15. CHAKRA QUINTO 199

1. Relacionado con… 199
2. Test sobre el estado de tu chakra quinto 200
3. El proceso de comunicación 202
4. Cristales chakra quinto (cristales azules) 203
5. Capa quinta del aura y quinto chakra 206
6. Órganos relacionados 206

7. Ejercicios con cristales y quinto chakra 207
   Estado inicial de nuestro chakra garganta 207
   Poner voz al chakra 209
   Liberar energías en los canales de comunicación 211
   Amigdalitis y otros problemas de garganta 214
   Molestias en los ojos 214
   Herpes labial y otras afecciones víricas 216
   Vidas pasadas 217

   Es tu turno... Ejercicios prácticos de la unidad 219
   Meditación. Visita al Templo de la llama azul de la Protección y la Fe 220

16. CHAKRA SEXTO 223

1. Relacionado con... 223
2. Test sobre el estado de tu chakra sexto 224
3. Cristales chakra sexto (cristales malvas) 226
   Otros cristales para trabajar el sexto chakra 228
4. Capa sexta del aura y sexto chakra 228
5. Órganos relacionados 229
6. Ejercicios con cristales y sexto chakra 229
   Estado y estimulación del tercer ojo 229
   Equilibrio chakra posterior-anterior 231
   Trabajar la expansión del tercer ojo 234
   Entrada a los cuerpos físico, mental, emocional y espiritual . . 237
   Tratamiento para el dolor de cabeza 240

   Es tu turno... Ejercicios prácticos de la unidad 241
   Meditación. La llama morada de Saint-Germain transmutadora de karma 242

17. CHAKRA SÉPTIMO ... **245**

1. Relacionado con... ... 245
2. Test sobre el estado de tu chakra séptimo ... 246
3. Cristales chakra séptimo (cristales blancos) ... 246
4. Capa séptima del aura y séptimo chakra ... 250
5. Órganos relacionados ... 250
6. Ejercicios con cristales y séptimo chakra ... 250

Equilibrar la energía del cuerpo. Lemniscata ... 253
Equilibrio interno. Canales del cuerpo ... 254
Acceder a tus Registros Akáshicos ... 257

Es tu turno... Ejercicios prácticos de la unidad ... 260
Meditación ... 261

18. EJERCICIOS COMBINADOS DE VARIOS CHAKRAS ... **263**

Preparación de cuerpo ... 264
Ejercicios en varios chakras ... 265

Equilibra tus chakras con prasiotrinos ... 265
Labradorita y luna nueva ... 267
¿Se acabaron las ganas de sexo? ... 269
Integración en el cuerpo de momentos energéticos importantes: eclipses, conjunciones, alineamientos... ... 271

Cuidados del cuerpo físico ... 272

Cabello ... 272
Acné ... 273
Dolores musculares ... 273

19. TU PROPIA MAESTRÍA ... 275

    Otros usos para tus cristales ... 277
    Test estructura cristalina ... 278

        Lapislázuli. Estilo de vida cúbico ... 279
        Aguamarina. Estilo de vida hexagonal ... 279
        Amatista. Estilo de vida trigonal ... 280
        Apofilita. Estilo de vida tetragonal ... 280
        Peridoto. Estilo de vida rómbico ... 281
        Piedra luna. Estilo de vida monoclínico ... 281
        Labradorita. Estilo de vida triclínico ... 282
        Obsidiana. Estilo amorfo ... 282

    Los cristales como método adivinatorio ... 284

GUÍA SOBRE EL SIGNIFICADO DE CADA COLOR ... 287

RESULTADO SOBRE TEST ESTADO DE CHAKRAS ... 293

    Chakra Estrella de la Tierra ... 293
    Chakra primero ... 294
    Chakra segundo ... 294
    Chakra tercero ... 295
    Chakra cuarto ... 296
    Chakra quinto ... 297
    Chakra sexto ... 298
    Chakra séptimo ... 298

ÍNDICE REFERENCIADO A CRISTALES ... 299

Agradecimientos

A Fer, por aguantar con paciencia y buen humor esta pasión por los cristales y dejar que lo invada todo con ellos. Eres mi gran apoyo.

A mis hijas, maestras en amor incondicional, que con sus besos y abrazos iluminan mis días.

A mis padres, por su amor, apoyo incondicional y por toda la sabiduría que me han transmitido, que me ha ayudado a crecer y a manifestarme como soy.

A mi hermana y mi hermano, por apoyarme y comprenderme siempre y llevar tan bien que sea «la brujita».

A Paqui, Laura, Isabel, Miguel Ángel, Antonio, Verónica, Rocío y Lara, por acompañarme en este proyecto con su vivencia y conexión. Unidos nuevamente por la pasión a los cristales.

A Virginia, por nuestras charlas. ¡Elevan el espíritu!

A Fabiola, Ju, Alberto y todo el grupo de reiki, por abrirme las puertas a un mundo maravilloso.

A Anabel por enseñarme a conectar nuevamente con mis Registros y recuperar la memoria olvidada.

A Inma y Pili, por su apoyo y consejo en el despertar. Nuevamente las «embrujadas» conectadas.

A Bárbara, por aguantar mis charlas e historias y hacer que siga con los pies en la tierra.

A todos los amigos que van llegando a mi vida, compañeros de terapias y talleres con los que he compartido experiencias y vivencias que me han hecho crecer y evolucionar.

Gracias a todos los que se abren a compartir experiencias de corazón a corazón.

Introducción

En este libro pretendo acercar a todo aquel que sienta la llamada al maravilloso mundo de los cristales. *Aquellos que conocen su poder, se sienten atraídos por ellos.*

Y es en este momento de despertar y de recuperación de nuestra memoria ancestral que vivimos, cuando nos reconciliamos con la sabiduría de nuestra alma. Los cristales aparecen en nuestra vida para hacernos recordar aquello que ya sabíamos y que ya conocíamos. Nuestros Registros conocen el uso de los cristales como herramientas de sanación y como compañeros en nuestra evolución.

A lo largo de nuestras numerosas vidas hemos hecho esto mismo una y otra vez, porque este camino está ligado a nosotros; por eso vuelve a nosotros en cada encarnación.

Por todo ello, lo que os propongo es activar vuestra memoria, vuestros propios Registros, pues toda la sabiduría que ansiáis está dentro de vosotros. No necesitáis más cursos, mas títulos… Lo que estáis buscando se encuentra dentro de vosotros. Nadie os va a enseñar aquello que queréis aprender, ¡porque nadie lo sabe!; solo TÚ conoces tus Registros, solo TÚ puedes acceder a esa línea de conocimiento que tanto deseas.

Es cierto que al principio nos centramos en querer aprender datos y más datos. Nuestra mente se empeña en querer ser una enciclopedia y una experta en la materia, pero ese no es el conocimiento que vamos a tratar. Nuestro conocimiento va a surgir del interior, donde nosotros somos los maestros y los expertos. Vamos a conectar con nuestro canal, con nuestra sabiduría interior, con nuestra alma…, y ella nos guiará a lo largo de todo el proceso.

En todo este camino la intuición, la visualización y la imaginación serán las herramientas que utilizaremos.

Aquello que proyectamos con nuestra mente se manifiesta en el mundo físico. Al igual que debemos observar y controlar nuestros pensamientos para no dejarlos vagar libremente creando sin ningún tipo de criterio, esta poderosa herramienta nos permitirá crear las más asombrosas configuraciones que potenciarán las propiedades de los cristales.

Siéntete el protagonista de esta experiencia, pues es toda para ti.

La elección del cristal 1

Cuando empezamos a prestar atención a los cristales, es inevitable comenzar nuestra propia colección. Puede ser que hayamos sentido la atracción desde que éramos pequeños, o que poco a poco se haya ido despertando en nosotros un particular interés, el caso es que **siempre** llegan hasta nosotros los cristales que necesitamos, aun cuando no conozcamos sus propiedades.

Sin duda, la atracción a primera vista es mi forma favorita de elegir un cristal. Puedes tener delante una colección inmensa, pero tus ojos o tus manos se fijarán en uno… Pues ese es el que más necesitas en ese momento.

> «Lo semejante atrae a lo semejante».

Este principio de la física cuántica se cumple en todos los campos. Todo es energía. Los pensamientos, las emociones, las palabras…, absolutamente todo.

Nuestro cuerpo es energía, pero no solo nuestro cuerpo físico tangible; también lo son nuestros otros cuerpos: el cuerpo emocional, el cuerpo mental y el cuerpo espiritual. Así, cuando alguna energía ha quedado bloqueadas en cualquiera de ellos, esta interrupción se manifiesta en nuestro cuerpo físico produciendo una enfermedad, una dolencia, una alergia, etc.

Los cristales, gracias a su vibración, actúan allí donde la energía es semejante. De modo que, por ejemplo, un cristal que resuene con la garganta será atraído por un cuerpo que presente una debilidad en esta zona, ya sea por resonancia con la garganta, por la expresión o falta de expresión de la voluntad, por la existencia de algún momento doloroso para el alma en el que no se haya podido manifestar, o porque, al hacerlo, vivió un episodio traumático. Las experiencias que almacenamos en nuestros cuerpos corresponden tanto a esta encarnación como a las pasadas, pues las vivencias dolorosas son arrastradas vida tras vida hasta que las comprendemos, las perdonamos y las trascendemos.

Así pues, los cristales se presentan ante nosotros como una herramienta más de sanación, para ayudarnos a trascender las experiencias que aún nos quedan por aprender y contribuir a que profundicemos en nuestro camino de evolución.

Es importante que confiéis y os dejéis llevar por vuestra intuición. Un cristal no os hará daño. No hay que temer su poder, pero sí hay que ser conscientes de la energía que estamos usando y de los efectos que ella tendrá en nosotros. Si en algún momento no os apetece probar un ejercicio o trabajar con un cristal en particular, no lo hagáis. Es evidente que no será el mejor momento para vosotros. Acostumbraos siempre a preguntaros qué es lo mejor para vosotros en este momento. Así trabajaréis en armonía con vosotros mismos.

Para comenzar vuestra colección particular, os recomiendo que os hagáis con los cristales más comunes primero, de acuerdo al nivel de atracción que vayáis sintiendo, y poco a poco, la aumentéis conforme crezca vuestra capacidad y vuestra curiosidad por cristales más raros o escasos.

Algo muy común es pensar que los cristales grandes son «mejores» que los pequeños. Para nada. Los cristales actúan por vibración, no por tamaño, aunque algunos con vibraciones muy altas pueden verse favorablemente influenciados por un mayor tamaño. A la hora de elegirlos, sed un poco prácticos también. Los cantos planos o pequeños son más manejables y fáciles de llevar para nuestros tratamientos que las piezas más grandes.

Otro punto a tener en cuenta a la hora de elegirlos es el precio. Los cristales más raros, los más difíciles de conseguir, los que poseen muy alta pureza resultan más caros. En estos casos os resultará más fácil haceros con un cristal pequeñito sin tener que desembolsar una gran cantidad de dinero.

Y ahora que ya sabemos un poco sobre tamaños y precios, ¿por cuál empezamos?

Vamos a conocer algunas herramientas que nos harán la elección un poco más fácil.

Amor a primera vista

Sin duda alguna, como ya os he dicho, mi opción favorita. Estar atenta a la llamada del cristal… Llegas a una tienda o un mercadillo de piedras y hay una colección preciosa frente a ti, pero se te van los ojos o las manos a una. No tiene por qué ser la más grande, cara, bonita…, da igual: esa piedra llama tu atención y eso es porque la necesitas. La piedra te ha elegido, porque son los cristales los que eligen a sus propietarios y no al contrario.

Tus vibraciones responden a las suyas. Haz caso a tu intuición, a tu cuerpo, a las señales que estás recibiendo y ¡hazte con ella! No importa que no sepas cómo se llama, para qué sirve, cómo usarla… Todo eso vendrá después. Esas preguntas vienen del ego, de la mente, pero tu alma sí sabe para qué sirve y es justo lo que necesitas.

Ese cristal tiene, sin duda, un mensaje para ti.

De acuerdo a sus propiedades

Cada cristal tiene sus propias características y resuena con uno o varios chakras del cuerpo. Además, influyen en nuestros órganos o en determinadas situaciones como protección, para potenciar creatividad, para despertar clarividencia o para conectarnos con ángeles, guías o con nuestros propios Registros y vidas pasadas.

Hay muchos libros y grandes enciclopedias a color donde podemos informarnos sobre todos los minerales descubiertos hasta la fecha y las propiedades metafísicas que se les han atribuido. Siempre es interesante consultarlos, pues así ampliamos el abanico de opciones que llegan hasta nosotros y despiertan nuestro interés.

Así que, si quieres potenciar una actividad en concreto (conexión con tus Registros, con el reino dévico, con tus Maestros, con tu subconsciente…) o activar con algún órgano o dolencia, consulta la documentación para ver qué cristal es el más adecuado.

También puedes usarlos en función de su composición química y su estructura molecular. Cada cristal tiene una estructura interna según se unan sus moléculas. Esto le aportará unas características determinadas.

Además, están compuestos por varios elementos químicos. Al dejar el cristal sobre el cuerpo, estos componentes tienen incidencia en él: afectarán al cuerpo físico, emocional, mental o espiritual.

Al leer sobre ellos, no pierdas de vista, a pesar de toda la información, esa llamada en tu interior, pues es muy posible que ante algunos digas: «¡Vaya, es justo lo que necesito!», o que ojeando fotos descubras una que particularmente llama tu atención.

Radiestesia

Os voy a mostrar cómo podéis preguntar a vuestro propio cuerpo para obtener una respuesta sobre lo que es mejor para vosotros en un momento determinado. Notad la insinuación del tiempo: AHORA. Los trabajos se realizan en tiempo presente. Estamos presentes AQUÍ y AHORA.

Hay varias técnicas de radiestesia que podéis usar. Si os interesa este método, podéis investigar más acerca de él, pues es asombroso cómo responde nuestro cuerpo cuando le prestamos atención y le formulamos una pregunta. Las más fáciles se pueden realizar con nuestras propias manos, bien juntándolas y abriéndolas sin despegar la parte de abajo, o bien entrelazándolas a través de los dedos. Comenzamos esta última para que vayáis probando cómo preguntar a vuestro cuerpo. Para hacerlo, coge tu mano derecha y junta el dedo pulgar con el índice, como si fueras a decir ¡ok! Coge ahora tu mano izquierda y haz otro «¡ok!» por dentro de la mano derecha. Ahora hazte una pregunta:

✔ ¿Es adecuado para mí en este momento el cristal (…)?

Si la respuesta es SÍ, los dedos permanecerán unidos fuertemente.
Si la respuesta es NO, los dedos se soltarán.
Es importante tirar siempre con la misma fuerza y no ejercer fuerza consciente sobre los dedos. Simplemente, deja la mente en blanco, haz la pregunta y tira.

Empieza practicando con preguntas sencillas, como:

✔ Me llamo………………… (aquí di tu nombre y otro que no sea el tuyo), con respuestas verdaderas y falsas, para que notes la diferencia entre unas y otras.

Requiere un poquito de práctica, pero enseguida verás que puedes usar este método para preguntarte cualquier cosa.

El péndulo

El péndulo es una herramienta muy útil, sobre todo cuando se trata de preguntar a los cristales. Nuestro subconsciente conoce todas las respuestas y, con ayuda de este instrumento, podemos acceder a ellas y lograr el control de nuestro consciente.

Como sucede con todo, el péndulo requiere práctica y dejar actuar al cuerpo. Aunque más adelante hablaremos más extensamente de él, puedes empezar a practicar para aprender cómo funciona y cómo coordinarte con él.

Elige el péndulo que llame tu atención. Puede ser de cristal, de cobre, mixto... Colócalo en la mano dominante y elévala hasta tu mente. Ahora establece el patrón que quieres que obedezca. Por ejemplo:

— Para decir SÍ, muévete adelante y detrás.
— Para decir NO, muévete en círculos.

En esto, como en todo, hay miles de técnicas para aprender a dominarlo, algunas muy precisas. Es cierto que, si construís un círculo de respuesta, el resultado tendrá un porcentaje mayor de acierto. Pero, en mi experiencia, he podido observar que esta simple regla para el SÍ y el NO es suficiente para empezar a trabajar con él, ayudarnos a elegir, testar chakras y realizar mediciones de energía.

Así pues, dispón los cristales frente a ti y pregunta a tu péndulo con cuál vas a trabajar o cuál debes elegir.

Ahora ya tienes unas cuantas herramientas para determinar con qué cristal vas a comenzar.

Preparación del cristal

Una vez tenemos elegido el cristal, vamos a prepararlo para poder trabajar con él.

Hay tres pasos fundamentales para trabajar con un cristal: **limpieza**, **sintonización** y **programación**.

Limpieza

Una pregunta muy común y que a muchos extraña es ¿por qué hay que limpiar los cristales?

Si es la primera vez que te acercas a este mundo, sin duda te chocará.

Los cristales son energía y la energía puede manifestarse en forma de onda o de vibración, dependiendo del comportamiento del que observa. Ambas formas son igual de correctas. Al mismo tiempo, nosotros también somos energía. Aunque no se percibe a simple vista, estamos formados por energía y tenemos un campo a nuestro alrededor; ¿te suena algo lo de aura?

Pues bien, tu campo entra en contacto con el campo del cristal y se produce un intercambio. Un cristal que haya pasado por varias manos estará impregnado de todas las energías con las que se haya cruzado.

¿Y eso es malo?

No, no es que sea malo, es que queremos que el cristal trabaje solo con nuestra energía y que no contenga otras influencias que pudieran no sernos beneficiosas.

Aclarado por qué hay que limpiarlos antes de usarlos, vamos con los métodos.

Una observación: esto es igualmente válido para la bisutería, los colgantes…, todas las piezas deben ser limpiadas antes de ser utilizadas, ya sean cristales para llevar o para trabajar con ellos. Procederemos así sobre todo con las joyas que heredamos, pues en ellas quedan impresas la energía de su antiguo dueño.

Métodos

Enfocar la Energía Universal

Realiza varias respiraciones profundas para alcanzar un estado relajado y tranquilo. Cuando lo hayas conseguido, conéctate a Tierra para anclarte bien y luego visualiza cómo un haz de luz baja desde el cielo y rodea el cristal. Esta luz penetra en él, en su composición cristalina, y va sacando fuera todo lo que no se corresponde con la propia composición del cristal.

Mantén la visualización por unos minutos, hasta que veas que no sale nada más del cristal.

En ese momento el cristal está «limpio» de cualquier otra energía que tuviera anteriormente.

Para aquellos que no se hayan conectado nunca a tierra, se incluye más adelante un ejercicio donde se explica paso a paso cómo hacerlo y cómo llamar a la Energía Universal.

Reiki

Para aquellos que tienen algún nivel de reiki, es la forma más cómoda y rápida de limpiar un cristal.

Primero, hay que cortar la energía del cristal. Para ello, cógelo en una mano y, con la otra, da tres golpes secos sobre él. Seguidamente, te conectas a la Energía Universal y con tu mano libre le das reiki al cristal.

Si has sido iniciado en nivel 2 o superior y dispones de algún símbolo, puedes usarlo.

Incienso

Enciende un palo de incienso. Da igual el que elijas, todos funcionan. Los que más limpian son los de ruda y cedro, pero el que escojas estará bien.

Coloca el cristal en el humo del incienso y visualiza cómo con ese humo saliente se va lo que no pertenece al cristal.

Quizá te parezca que no ves nada. Tranquilo, trabajamos con la intención y con la visualización. Tú tienes la **intención** de limpiar el cristal con este método y, al ponerlo en el humo, tu **intención**, junto con tú **imaginación**, hacen que el cristal se limpie porque estamos diciendo que así sea.

Agua corriente

Para las piezas pulidas o que no están montadas en estructuras, es una forma muy fácil y rápida de limpieza.

Abrimos el grifo de agua corriente y disponemos el cristal en nuestra mano debajo del chorro. **Visualizamos** cómo el agua va limpiándolo y eliminando todo lo que no le corresponde. Si puedes poner el cristal al sol un par de horas, mejor: así se cargará.

Sal

Las piezas en bruto no pulidas es mejor no mojarlas, pues el agua las puede acabar partiendo. Lo mejor es poner una cama de sal en un recipiente, colocar el cristal encima y dejar 24 horas en el exterior.

Hay más métodos de limpieza y, además, cada maestrillo tiene su librillo… Lo importante es la intención que pones en el procedimiento y que visualices (o imagines) que estás haciendo la limpieza.

Mi recomendación, cuando se trate de la primera limpieza del cristal, es usar agua con sal (salvo en los casos en que este sea muy blando o se pueda disolver en ella como ocurre con la selenita) y luego poner el cristal en el exterior a la luz del sol por unas horas. Hacedlo también cuando notéis que el cristal está muy pesado.

Para realizar una limpieza entre ejercicios o descargar la energía impregnada del cristal, podéis usar cualquiera de los otros métodos.

Por lo general, cuando nos llega un cristal suele estar muy contaminado con muchas energías, y limpiarlo con reiki puede llevar mucho tiempo.

Como siempre, sigue tu intuición y experimenta por ti mismo los distintos métodos de limpieza para ver con cuál te sientes más cómodo. Recuerda que, después de limpiarlo, debes hacer las fases de activación y programación para que el cristal trabaje como tú quieres.

Sintonización

Activación de manos

Para poder sintonizarnos con el cristal, es necesario activar antes nuestras manos.

Aquellos que ya practiquéis otros tipos de terapias, como reiki, acupuntura, reflexología o masajes, ya tenéis las manos activadas; aun así, vamos a despertar y activar nuestros cuarzos sutiles, los que están en nuestras palmas, y a sincronizarlos con nuestra glándula pineal y nuestro corazón.

Comenzamos experimentando un estado de relajación y conexión con nuestro Ser. Cuando estés preparado, junta tus manos. Visualiza cómo en cada palma tienes un cuarzo blanco que sobresale de ellas. Al juntar las manos, ambos cuarzos se tocan.

Permanecemos así unos minutos, sintiendo cómo, al estar juntos, ambos cuarzos se activan. Percibe el calor en tus manos y cómo va aumentando poco a poco.

Lentamente, separa poco a poco las manos, sintiendo cómo la energía interior generada está entre ellas.

Con las manos enfrentadas, gíralas 90 grados, cada una hacia un lado, y luego vuelve a la posición original. Realiza esta operación tres veces a cada lado.

Separa las manos y colócalas como si tuvieras una bola en ellas. En realidad, estás generando una bola de luz, que será uno de los vértices del triángulo que vamos a formar.

Otro vértice está a la altura de tu entrecejo o tercer ojo, donde estamos buscando la glándula pineal.

El tercero se localiza en tu corazón.

Vamos a sincronizar nuestras manos con nuestra glándula pineal y con nuestro corazón. Unimos cuerpo, alma y corazón para trabajar en armonía y equilibrio.

Desde la glándula pineal visualizamos un haz de luz que incide sobre el corazón. Desde el corazón, a la bola generada en nuestras manos y desde esta bola, a la glándula pineal.

Sentimos cómo este triángulo va creciendo en energía y luz. Sentimos nuestro cuerpo, nuestra mente y nuestra alma en total conexión. Sentimos el equilibrio.

Permanecemos así unos minutos.

Nuestras manos han sido activadas.

Ahora que somos conscientes de nuestra propia energía, cogemos el cristal a sintonizar entre nuestras manos. Visualizamos cómo nuestra energía y la del cristal están diferenciadas, cada una posee sus propios límites. Vemos cómo poco a poco esos límites comienzan a difuminarse y a mezclarse, de forma que la energía del cristal se integra en nuestra aura.

Ahora que has establecido contacto con el cristal, permítele que se presente y te muestre su energía y, al mismo tiempo, permítete a ti mismo dejar a tu cuerpo que te muestre la manera en la que percibes otro campo de energía.

Observa qué sientes teniendo el cristal en tus manos. ¿Es pulsante? ¿Es frío? ¿Te provoca pinchazos? ¿Quema? ¿Te inquieta o te relaja? ¿Percibes algún olor?, ¿alguna sensación por encima de otra? ¿Puedes ver en tu mente alguna imagen? ¿Puedes oír algún sonido?…

La manera de percibir de cada uno de nosotros es diferente. Habrá a quien le resulte muy fácil visualizar y quien lo haga a través de sensaciones o puede que incluso a través de palabras; si es así, utiliza una grabadora y expresa en voz alta tus impresiones para luego anotarlas.

Puede que te surjan dudas en cuanto a las visualizaciones o que pienses que tú no eres capaz de ver nada… No te preocupes, como sucede con todo, hay que trabajar con la intención. Si no eres capaz de verlo o imaginarlo, pon tu intención en lo que quieres hacer y ve diciéndote a ti mismo que estás haciendo tal o cual cosa. Poco a poco te será más fácil.

Programación

Para que un cristal trabaje de una manera concreta con nosotros, tiene que estar limpio, sintonizado y programado.

Con las acciones anteriores hemos limpiado y nos hemos sintonizado con el cristal. Ahora lo vamos a programar, le vamos a decir qué es lo que queremos de él.

Coge el cristal en tu mano y dile:

✔ *Programo este cristal para el mayor bien común y para…*

Con esta expresión estamos manifestando nuestra intención de ir hacia la luz. Recuerda que aún en la tercera dimensión hay dualidad. Manifestamos nuestra intención sobre dónde queremos ir.

Ahora dile qué quieres conseguir de él. Puede ser algo relacionado con sus propias características o lo que desees obtener.

Como ejemplo, puede ser: amor, protección, escudo áurico, alineación de tus cuerpos sutiles…

Si no sabes qué pedirle o prefieres que sea el cristal el que te aporte lo que necesitas, dile:

✔ *Para mi mayor bienestar y sabiduría… o lo que consideres.*

Todo está bien.

Lo importante es que ese cristal te ha elegido porque lo necesitas y quiere trabajar contigo. Contrariamente a lo que pudieras pensar, no eres tú quien elige al cristal, sino al revés.

Es por ello que, cuando tengas frente a ti una colección de cristales y tus ojos o tus manos se queden como pegadas a uno en concreto, debes hacer caso de esa llamada y conseguirlo, pues eso significa que quiere trabajar contigo.

Cuando pierdes un cristal es porque ha llegado el momento de separarse y él se quitará de en medio.

Cuando un cristal se rompe es porque ha hecho un trabajo para ti y ha dado toda su energía por ti. En esa acción puedes haber integrado alguna propiedad del cristal que haya desbloqueado alguno de tus puntos o quizá se haya activado desviando alguna energía negativa que iba dirigida a ti.

En cualquier caso, lo que debes hacer es agradecer su acción. Recoge los trozos de cristal y entiérralos en algún lugar que sea especial para ti, donde te gustaría que estuviera tu cristal.

Con este gesto, devolvemos el cristal a la Tierra, a la Madre, para que se regenere y se vuelva a cargar de energía.

Conexión a tierra 3

Antes de realizar cualquier trabajo energético, es indispensable establecer una fuerte y potente conexión con la tierra, la madre que nos sostiene. Estamos aquí para hacer un trabajo concreto y nuestra energía debe asentarse en ella, pues solo así conseguiremos la elevación de nuestro cuerpo físico y podremos integrar en él a nuestro Yo Ascendido.

Nuestro cuerpo tiene varias partes, varias dimensiones. Este cuerpo se nutre de la energía universal, que es canalizada por nuestros chakras, nuestros motores, dispuestos en nuestro cuerpo físico para la absorción de energía y correcto funcionamiento.

Cuando el cuerpo no está bien anclado a tierra, se pueden experimentar varias sensaciones: soledad, desubicación, sentimiento de estar en casa extraña, como fuera de lugar, con grandes ideas que no llegan a materializarse, con una vida que preferimos soñar e imaginar antes que realizar.

Cuando nos enraizamos en la tierra, estamos trayendo toda esa energía universal a nuestro servicio, para nuestra realización y para la materialización de nuestros sueños y proyectos. Hacemos descender toda esa energía al suelo que nos sostiene, que nos sustenta, nos da alimento y cobijo, porque este es nuestro hogar ahora.

Aquí y ahora, elegimos este lugar para estar presentes y conectados, y nos hacemos presentes en la Tierra.

Imaginad que vuestro cuerpo es como un árbol. Vuestros pies son las raíces, vuestro torso, el tronco y vuestros brazos, las ramas. Vamos a sentirnos como árboles, plantados en la tierra. Un árbol simplemente ES. No tiene que preocuparse de nada, pues todo lo recibe de la naturaleza, él simplemente ES. ¡Qué gran Maestro!

Nosotros debemos sentirnos como árboles. Nuestros pies, bien sujetos a la tierra. Fuertes, para poder sostenernos y permitir nuestra realización como personas. Así como el árbol expande sus raíces y su tronco para albergar grandes ramas, así nosotros fortaleceremos nuestras raíces para expandir toda nuestra conciencia.

Buscad un lugar tranquilo donde podáis estar a gusto; si es en el exterior, mejor, pues la sensación será más potente.

Vamos a hacer este ejercicio de pie, para sentirnos como el árbol.

Separamos las piernas a la medida de las caderas y flexionamos ligeramente las rodillas. Realizamos varias respiraciones profundas, llenando nuestro abdomen, y luego soltamos el aire.

Ahora visualizamos cómo desde nuestro segundo chakra, si somos mujer, o desde nuestro primer chakra, si somos hombre, sale un rayo de luz que penetra en la tierra y se dirige a su mismo centro. Visualizamos un sol interno, caliente y poderoso, de un color vibrante, y vemos cómo nuestro rayo de luz se une a él. Sentimos el tirón de estar enganchados.

Seguidamente, desde nuestros pies comienzan a crecer raíces que se hunden en la tierra y se unen a este rayo de luz, de forma que son muchas las conexiones que mantenemos ahora con el centro de la tierra.

Vamos a notar ahora cómo sube el fuego de la tierra. Oímos el pulso de la tierra como si fuera un tambor (pum, pum, pum) y con cada golpe notamos un tirón en nuestro chakra que ha sido conectado.

Lentamente va subiendo por esa gran raíz la fuerza del interior de la tierra y llega hasta nosotros. Entra por el chakra 1, o raíz, y sentimos su cálida llegada. Desde ahí se elevará hasta el segundo chakra trasero, en el caso de las mujeres, luego al segundo delantero y, finalmente, al primero, donde nuevamente bajará al centro de la tierra.

Establecemos así una fuente de alimentación para nuestros chakras inferiores, los terrenales. Realizamos este mismo ejercicio hasta que veamos que el flujo entre la tierra y nosotros es constante y armónico.

Ahora estamos conectados a tierra.

Nos sentimos presentes en este momento. Nos sentimos enraizamos y latimos sincronizados a la tierra formando un todo con ella.

Todas las emociones las sentimos con los chakras inferiores. Nuestros miedos, nuestros apegos, nuestra oscuridad se encuentran escondidos en el chakra 1. La manera de «librarse» de ellos no es racionalizarlos, ni esconderlos, sino sentirlos.

No es incorrecto sentir emociones dolorosas. Debemos sentir y experimentarlo todo, pero sin que entre el ego a juzgar y/o analizar.

Sentimos la emoción. Si hemos de gritar, gritamos. Si hemos de llorar, lloramos. Si hemos de reír, reímos y la liberamos. Si la emoción no nos gusta o ha sido causada por alguna acción que hemos llevado a cabo y hemos visto que podíamos haber hecho de otra manera, nos damos consuelo, nos perdonamos, comprendemos la lección y la liberamos.

Hacemos lo mejor que sabemos en cada momento con las herramientas disponibles. Nosotros y los que interaccionan con nosotros. Nuestro vecino hará lo que mejor sepa en ese momento con sus condicionantes y limitaciones. Es por ello que no juzgamos la situación ni establecemos juicios de valor, pues las circunstancias de cada uno son muy particulares.

Esta conexión con la tierra nos va a permitir liberar emociones reprimidas y sacarlas al exterior. Hasta que una cosa no se hace presente y no se le da luz para verla, es difícil eliminarla.

Nos sentamos ahora y seguimos fuertemente conectados.

Ese cordón de luz, esa gran raíz que hemos establecido entre el centro de la tierra y nosotros, nos va a permitir sentir distintas emociones de acuerdo a su color.

Vamos a ir experimentando uno a uno todos los colores y vamos a hacer que cuando el flujo comience a ascender desde el centro de la tierra a nosotros, adopte el que queramos, para que, al llegar a nosotros, notemos esa energía en particular y lo que ese color nos hace sentir.

Por supuesto, este ejercicio es muy personal y a cada uno le resonará una cosa con cada color. Todas las expresiones son correctas. No hay malos ni buenos sentires, todos son estupendos, pues es nuestra propia forma de sentir y experimentar. Recuerda que no estamos aprendiendo algo externo a nosotros, sino sacando aquello que llevamos dentro, nuestra propia esencia.

Elegimos desde el color más claro al más oscuro, o viceversa. De esta forma es más fácil acordarse del color, pero igualmente puede hacerse con cualquier otra secuencia.

Así pues, pasaremos por el blanco, el amarillo, el naranja, el rojo, el rosa, el violeta, el azul, el verde, el marrón, el negro, el dorado y el color diamante.

Si tomáis nota sobre cómo os hace sentir cada color, luego seréis capaces de usarlo para tratar alguna de las energías que sea necesario sentir y liberar.

También podéis visualizaros envueltos en el color, si lo de cambiar el del cordón os resulta más complicado. Se trata de experimentar la energía de los colores.

Normalmente los usamos al ponernos ropa de uno u otro tono, y no prestamos atención a nuestro estado de ánimo al hacerlo. Elegimos inconscientemente los colores para contrarrestar nuestra propia energía, nuestro propio color, o para suplir una carencia energética. Nuestro cuerpo absorbe el color que le ponemos.

Obsérvate. Durante una semana al menos, elige para cada día un tono diferente de color de ropa y anota tus impresiones: te encuentras relajado, nervioso, sensual, alegre, enérgico… Los colores tienen más importancia de la que les otorgamos. Se trata de algo más que seguir la moda.

Cuando hacemos algún trabajo energético, solemos vestir de blanco. El blanco refleja la luz. Así pues, estamos envolviendo todo nuestro cuerpo en luz y paz, evitando así que la energía se concentre en unas zonas más que en otras.

Los chakras 4

Ya hemos hablado un poquito de los chakras. Vamos a profundizar un poco más en ellos: dónde están, con que órganos y capas del aura se relacionan y cómo hacer para alinearlos y equilibrarlos.

Los chakras son como generadores de energía que están repartidos a lo largo de nuestro cuerpo y que nos permiten canalizar la energía universal a través de ellos y regar todo nuestro cuerpo con dicha energía. Cuando un cuerpo se encuentra en armonía, la energía fluye por él sin interrupción. Cuando se produce un bloqueo o tensión en una zona, ese chakra y los órganos a los que «riega» dejan de estar bien alimentados, con lo que podemos empezar a sufrir dolores o molestias.

¿Qué causa esos bloqueos?, pues las tensiones, los trabajos pendientes de aprendizaje, los dolores del alma, las experiencias que no han sido integradas...

Es por ello que algunas enfermedades son «de nacimiento». En este caso pueden pasar dos cosas. O ha sido decisión consciente de tu alma venir a encarnar con esa limitación, para aprender o vivir esa experiencia limitadora, o has encarnado en alguno de tus cuatro cuerpos con un bloqueo causado por el dolor que experimentaste en otra vida y que no has podido liberar. Así pues, ahora que se manifiesta, podrás trabajar sobre esa dolencia.

Hasta que no sale a la luz un tema, hasta que no se hace presente, no podemos actuar sobre él y aportarle amor y comprensión para liberarlo.

Los chakras mayores 5

Tenemos varios chakras o fuentes de energía distribuidas a lo largo del cuerpo. Algunos podrían llamarse Mayores, pues su acción tiene más repercusión. No olvidemos que todos son importantes y que el correcto funcionamiento de ellos deriva en una buena salud para nosotros, física, mental, emocional y espiritual.

La disposición:

- Chakra estrella de la tierra: bajo los pies, color marrón
- Chakra primero o raíz: en la base de la columna/perineo, color rojo
- Chakra segundo: dos dedos bajo el ombligo, color naranja
- Chakra tercero: en el estómago, por encima del ombligo, color amarillo
- Chakra cuarto: en el corazón, color rosa o verde
- Chakra quinto: en la garganta, color azul
- Chakra sexto o tercer ojo: en el entrecejo, color malva
- Chakra séptimo o corona: en la coronilla, color blanco

Estos podríamos decir que son los chakras Mayores, aunque hay otros que no han de olvidarse y cuya localización será necesaria para realizar distintos ejercicios y liberar memorias antiguas.

- Chakra en las manos
- Chakra en el bazo
- Chakra en el hígado
- Chakra timo, entre la garganta y el corazón
- Chakra vidas pasadas: detrás de las orejas
- Chakra soma: en la frente, en la raíz del pelo
- Chakra estrella del alma: por encima de la cabeza
- Chakra puerta estelar: aproximadamente a 50 cm por encima de la cabeza

Los chakras y el aura

El aura es el campo magnético que rodea nuestro cuerpo físico. Está formada por distintas capas y cada una de ellas se relaciona con un chakra. Por tanto, manteniendo un buen estado de salud en nuestros chakras, estaremos reforzando nuestro campo magnético, nuestra aura.

El aura no es exclusiva del ser humano. Todos los seres vivos tienen aura; los animales, las plantas, los árboles y también todos los objetos, pues todo es energía.

Hay personas que poseen una capacidad mayor para percibir este campo a simple vista, a otros les cuesta más, pero, como todo, se puede entrenar. Solo hacen falta ganas y dedicarle un poco de tiempo, y podréis empezar a percibir estos campos maravillosos. No es un privilegio de unos pocos, está en nuestras capacidades, en las de todos.

El cuerpo físico está más relacionado con los tres primeros chakras, el cuerpo emocional con el cuarto y el quinto, y el cuerpo espiritual, con el sexto, el séptimo y los superiores.

Primera capa

La primera capa está relacionada con el chakra primero o raíz. **Es nuestra capa física**, la que se refiere a los aspectos más terrenales de nuestra encarnación.

Para trabajar sobre ella, revisaremos y vigilaremos las cuestiones más físicas: alimentación, descanso y ejercicio. Para realizar cualquier operación en ella, trataremos principalmente el chakra primero.

Es fundamental establecer unos hábitos saludables para nuestro cuerpo, pues es nuestro templo físico, donde mora nuestra alma, y se merece el mayor de los respetos y cuidados.

Una alimentación saludable, sin aditivos ni químicos, nos refuerza y nos activa este campo magnético. Esto es: frutas, verduras, legumbres, cereales...

¿Conocéis la expresión *Eres lo que comes*? Pues eso mismo.

Todas las toxinas se van acumulando en nuestro chakra primero, lo que se refleja en nuestra primera capa. Piensa en esta capa como tu primer escudo frente a las agresiones, aquellas relacionadas con tu supervivencia, los instintos más primarios. No se trata solo de vida saludable, que también, sino de proteger nuestra energía y de hacernos responsables de ella.

Muchos seres desencarnados no han avanzado y se encuentran en una cuarta dimensión baja. Estos seres «se pegan» a fuentes de energía semejantes a su vibración. Si tu campo energético está debilitado, estás más expuesto a ser el blanco de estas energías o a que otras personas te lancen ganchos energéticos al aura para alimentarse de tu energía. Son los llamados «vampiros energéticos».

Muchas de estas personas no saben que lo son, pero podemos identificarlas, porque, después de pasar un tiempo con ellas, nos dejan agotados y cansados, sin ganas de nada.

No solo se trata, como vimos, de individuos a los que les gusta el cotilleo, criticar o que ejercitan formas de pensamiento negativas. También están los abanderados del pensamiento «pobre de mí», cuya actitud victimista solo busca captar la energía de aquel que participa junto con ellos en el juego víctima-verdugo.

Cada uno de nosotros es responsable de su propia vida.

Así pues, tener unos hábitos saludables no consiste en asumir una simple moda. Nuestra salud y nuestras costumbres tienen mucho que ver en nuestra energía y en nuestra manera de gestionarla y de protegerla, pues solo tú eres responsable de mantenerla. No es algo externo a nosotros, no es algo que los otros «nos hagan». Nosotros consentimos cuando cedemos nuestro poder ante otros y no lo manejamos. Recupera todo tu poder.

También es necesario el ejercicio físico. El tema va más allá de cualquier razón estética. Nuestro cuerpo es energía, y la energía universal fluye por él. Los cúmulos de grasa son depósitos de energía estancada, llena de toxinas, que nos impiden, entre otras cosas, una buena canalización y la llegada de riego a todas las partes de nuestro cuerpo.

Recordad lo que hemos hablado acerca de que esa energía llegue correctamente a todos los puntos de nuestro cuerpo. Si la energía se estanca en alguno de ellos, esa zona comenzará a detonar dicha acumulación, se llenará de toxinas y podrán originarse enfermedades o dolencias de todo tipo; retención de líquido, celulitis, grasa localizada, obesidad, dolor, patologías diversas…

Al ejercitar nuestro cuerpo, permitimos que toda la energía se movilice y no se estanque. Ejercicios como yoga o pilates, entre otros, nos permiten asentar la energía conscientemente en nuestro cuerpo físico. Se trata de prácticas muy completas que trabajan cuerpo, mente y alma.

Segunda capa

La segunda capa está relacionada con el segundo chakra. **Se trata de la capa emocional.**

Cuando hablamos de mantener una capa emocional saludable, no queremos decir que siempre tengamos que estar felices; se trata de no reprimir los sentimientos y las emociones.

Debemos permitirnos sentirlo todo. Si es reír, reír; si es llorar, llorar. Pero experimentar no significa lamentarse. Puedes sentir una emoción intensa que te causa dolor; pues bien, siéntela, llórala (llorar alivia el dolor del alma) y luego déjala ir.

Si nos dedicamos a lamentarnos, penetramos en una espiral negativa que nos sumerge más y más en esa vibración negativa. Vive tu experiencia, saca tu aprendizaje y déjalo marchar. De esa forma mantenemos nuestra capa emocional en un estado saludable. No censuréis vuestros sentimientos.

En esta capa también se percibe nuestra creatividad, la fertilidad y la aceptación de uno mismo como ser sexual.

Cuando reprimimos nuestra expresión hablada, artística, en definitiva, creativa, estamos bloqueando la energía y la buena circulación y armonía de este chakra. Aquí el «qué dirán» tiene mucho que ver. Todo aquello que no hacemos por el «qué dirán» nos lleva a bloquear esa parte de nosotros mismos y nos provoca infelicidad. Nos hace desconectarnos de nosotros mismos y nos induce a cumplir con unos patrones que se alejan de nuestra verdad. Todo ello es lo que otros esperan de nosotros o lo que se ajusta a unas tradiciones que nos obligan a seguir, pero que sin duda nos alejan de nuestra verdad.

Trabajar el amor propio y la confianza en nosotros mismos nos ayuda a reforzar esta capa. Sentir que nuestras acciones son sinceras, que se ajustan a nuestra verdad, y tener la valentía de romper con los condicionamientos que nos alejan de ello. Algunas pueden ser muy radicales, todo depende de lo que tu alma se haya propuesto experimentar. Pero, sin duda, cuando actuamos guiados por nuestro interior, nos damos cuenta de que nada es tan terrible ni tan traumático y que los demás siguen queriéndonos a pesar de ello.

Tercera capa

La tercera capa **es la mental y la de las relaciones sociales**.
Se fortalece con el estudio, la lectura y la ejercitación de la mente. Mantener una capa mental saludable nos va a permitir establecer una buena relación con nuestra capa emocional.

Cuando nos criticamos y nos reprochamos cosas, nos estamos «robando» a nosotros mismos energía de la segunda capa (emocional) a la tercera capa (mental).

Además, esta capa es la de las relaciones sociales. Cada vez que establecemos relación con alguien, un lazo de luz se une entre esa persona y nosotros. El mantener relaciones saludables y no tóxicas será fundamental para preservar nuestra energía y nuestro chakra en óptimo estado.

Cuarta capa

La cuarta capa **está relacionada con el corazón**, y ahí consideramos tanto el amor que nos damos, como el que damos a los demás.

Pero sucede que hasta que nuestro amor propio no está colmado, difícilmente podremos darnos a los demás. No se trata de egoísmo. Se trata de querernos, de aceptarnos, de cuidarnos… No hay nada malo en amarnos a nosotros mismos, en experimentar el amor incondicional a nuestro Ser.

Imaginad un vaso, vosotros sois ese vaso y el agua representa el amor. No podréis daros a los demás, no podréis «derramaros» sobre los demás, hasta que no hayáis llenado el vaso.

Ahí hay varios pasos para empezar a querernos y no buscar en los demás el amor o el reconocimiento que nos faltan. Nadie como tú para entender lo que te costó una proeza; pues ¡siéntete feliz y reconfórtate tú mismo!, si buscas tan solo el reconocimiento externo, verás que algo te falta.

Una forma fácil de empezar a querernos es conectar con una parte de nosotros que nos hacía felices durante la infancia. Cuando éramos niños no estábamos tan influenciados por los condicionamientos y sencillamente hacíamos aquello que hace feliz: seguíamos nuestra verdadera esencia. ¿Qué te gustaba? ¿Pintar? ¿La música? ¿Jugar a las muñecas? ¿Hacer vestidos? ¿Leer? ¿Jugar con los coches?

Conecta con la alegría de tu niño interior. Búscalo, juega con él/ella, ríete con él/ella, conecta nuevamente con tu niño interior, te está esperando, te echa de menos y necesita mimos y cuidados, necesita volver a sentir tu amor incondicional.

Quinta capa

Esta es la capa **de nuestra expresión y de nuestra verdad**.

Está relacionada con el quinto chakra, el de la garganta, y con la glándula tiroides.

Cuando no expresamos nuestros deseos, nuestra verdad, este chakra se va debilitando, se va cerrando y la glándula tiroides puede verse alterada modificando y alterando su comportamiento. En esta capa hay que cuidar que peso le damos a las opiniones de los demás, pues pudiera ser que condicionaran nuestra propia expresión.

Sexta capa

Es la capa **de la intuición** y está relacionada con nuestro sexto chakra, nuestro tercer ojo.

Este chakra es la puerta al mundo sutil. Activado, despierta nuestra capacidad de clariaudiencia, clariconocimiento, videncia, conexión con otros planos y dimensiones.

Adecuadamente activado, nos permite escuchar y seguir nuestra intuición, nuestro guía en el camino.

Cuando no está equilibrado, podemos tener la sensación de que las ideas nos son ajenas, o seguir las indicaciones de otros en vez de las propias o incluso dudar de nuestras capacidades y pensar que tenemos algún trastorno mental.

Séptima capa

Relacionada con el séptimo chakra, **es la capa de la iluminación**.

Cuando aquel se encuentre equilibrado, sentiremos la conexión del Universo en nosotros y podremos integrar la sabiduría de nuestro Ser. En estado alterado podemos tener sentimientos de grandeza, delirios o no sentirnos realmente conectados.

Trabajar día a día con nuestra espiritualidad favorecerá el buen estado de este chakra y reforzará nuestra conexión.

Los chakras y los cristales

Cada cristal tiene una vibración única y su acción va a resonar con uno o más chakras de nuestro cuerpo. Sus aplicaciones son múltiples, ya que un único cristal puede tener diversos usos dependiendo de dónde lo coloquemos.

Para comenzar, podemos relacionar los cristales por su color, pues el del cristal resonará con el chakra del mismo color. Así pues, tenemos:

- *Chakra estrella de la tierra:* color marrón
- *Chakra primero o raíz:* color rojo
- *Chakra segundo:* color naranja
- *Chakra tercero:* color amarillo
- *Chakra cuarto:* color rosa/verde
- *Chakra quinto:* color azul
- *Chakra sexto o tercer ojo:* color malva
- *Chakra séptimo o corona:* color blanco

Estos son algunos de los cristales que podemos relacionar con los chakras mayores:

— **Marrón:** cuarzo ahumado, piedras boji, ónix, ojo de tigre, ágata.

- **Rojo:** jaspe rojo, rubí, granate, cuarzo
- **Naranja:** cornalina, shiva ligam, ágata de fuego, selenita melocotón, calcita naranja, piedra luna
- **Amarillo:** citrino, piedra sol, aventurina oro, calcita amarilla, jade amarillo, jaspe amarillo, ojo de tigre, berilo, ágata amarilla
- **Rosa/verde:** cuarzo rosa, kuncita, rodocrosita, aventurina verde, cuarzo verde, rodonita, jade verde, prehenita
- **Azul:** lapislázuli, sodalita, cuarzo azul, turquesa, howlita, cianita
- **Morado:** amatista, charoíta, tanzanita, sugilita, purpurita
- **Blanco:** cuarzo blanco, citrino, apofilita, diamante hermirker, moldavita

Hay cristales que por sus características trabajarán con unos chakras más que con otros. Poco a poco irás aprendiendo dónde colocarlos. Sobre todo, escucha tu intuición. No nos vamos a limitar a hacer «lo tradicional»: el cristal rojo en el chakra 1 que es el rojo…

El cristal rojo puede armonizar el chakra 1 en un determinado momento, pero también puede insuflar energía en un órgano que esté trabajando perezosamente.

Recuerda siempre no limitarte y seguir tu intuición. Coge lo que resuene contigo y lo que no, haz como tú creas conveniente.

Siéntete parte activa del proceso, no te limites a leer. Despierta tu sabiduría interior.

Cómo empezamos a trabajar 8

Así pues, ya que hemos comentado un poco sobre cristales, nuestro nivel energético y las capas, vamos a centrarnos ahora en el trabajo con los cristales.

En primer lugar, identifica los que tienes en tu colección.

¿Conoces el nombre y las propiedades de todos? ¿Tienes dudas sobre algunos?

En caso de duda, pregunta en tiendas especializadas, busca fotos en internet para intentar localizar el cristal en cuestión y, si ya has trabajado anteriormente con cristales, intenta conectar con él y deja que te cuente para qué sirve y, sobre todo, para qué ha llegado a tus manos.

¿Tienes cristales para trabajar con todos los chakras?

No es necesario que dispongas de muchos, pero sí que tengas al menos uno que resuene con cada uno de los chakras. Puedes identificarlos por el color, según hemos descrito anteriormente, o por el nombre si los tienes localizados.

Antes de ponerte a trabajar con ellos, los cristales deben estar limpios, activados y programados, y en cuanto a nosotros, estableceremos fuerte conexión a tierra.

Así pues, esta será nuestra secuencia para comenzar a trabajar:

- ✔ Identificación de los cristales
- ✔ Clasificación por chakras, propiedades…
- ✔ Limpieza, activación y programación de los cristales
- ✔ Para nosotros, conexión a tierra según hemos visto antes

Y lo primero de todo es presentarnos, sí, presentarnos a nuestros cristales y dejar que ellos se presenten también y nos cuenten para qué han llegado hasta nosotros.

Para ello, elegiremos un momento en el que podamos estar tranquilos y nadie nos moleste. Tendremos nuestros cristales limpios y preparados y los dispondremos ante nosotros. Tened a mano lápiz y papel, pues es importante que vayáis tomando nota de vuestras impresiones y que confeccionéis un cuaderno de trabajo.

Coged el cristal en las manos y visualizad la energía del cristal y la vuestra. Enfocad un haz de luz sobre vuestras manos y permitid que esa luz trabaje fundiendo la energía del cristal con la vuestra. Dejad que vuestro cuerpo hable y sentid; no penséis; solo observad qué sentís y dónde.

¿Se os acelera el corazón?, ¿notáis frío?, ¿calor?, ¿sentís el pulso en la mano?, ¿vuestro tercer ojo os está mostrando imágenes? Todo es posible…

Cada uno de nosotros percibe de una manera diferente. Lo importante es que conectes con tu capacidad, que logres llegar a reconocer cuándo se activa en ti la intuición, pues es tu fuente de conocimiento.

Anotad las impresiones recibidas con cada cristal y observad aquellos que os son más afines. Todo esto os va a aportar información extra sobre vuestro estado actual y la zona del cuerpo que requiere mayor trabajo.

¿Son todos del mismo color?, ¿están asociados al mismo chakra?, ¿conoces sus propiedades?

Consulta con que órganos de tu cuerpo resuenan y medita sobre tu propio estado físico. ¿Crees que necesitas trabajar con alguno de ellos más en profundidad?

NOMBRE:
Fecha:
Posición del cristal:
Sensaciones físicas:
Sensaciones mentales:
Sensaciones emocionales:
Otras observaciones:

FICHA DEL CRISTAL

Nombre:
Chakra dominante:
Órganos sobre los que trabaja:
Cuerpos en los que trabaja:

Haz una ficha para cada uno de tus cristales.

Descubrirás que, a medida que vayas trabajando y practicando con tus cristales, te resultará más fácil establecer conexiones con ellos. Tu capacidad para percibir y para saber identificar cómo funciona tu intuición también se verá reforzada.

Tratamiento en el cuerpo: preparación

Antes de abordar una zona del cuerpo en particular, vamos a tratar el cuerpo como conjunto. Como hemos visto, en ocasiones los miedos, traumas, frustraciones, etc., crean bloqueos en nuestros cuerpos haciendo que se manifieste un malestar, dolencia o desequilibrio en el cuerpo físico.

Así que lo primero será armonizar nuestro cuerpo. Para ello, colocaremos sobre cada uno de nuestros chakras el cristal correspondiente.

Recordad que los cristales tienen que estar limpios, activados y programados, y que nosotros nos hemos conectado a tierra antes de comenzar.

La duración del ejercicio será de al menos 20 minutos.

Durante este tiempo relájate y disfruta de estas magníficas vibraciones y empápate de todas las sensaciones que recibas.

Finalizado el ejercicio, observa tu cuerpo. Repasa mentalmente cada parte, fijándote en cualquier dolencia, tensión, sensación que no haya desaparecido durante el trabajo previo.

Ahora puedes empezar a trabajar sobre esa parte.

Nuestra secuencia de trabajo en esta formación comenzará desde los pies e irá subiendo hasta los chakras superiores. Una vez comprendida cada parte de dicha secuencia, podrás ir directamente al chakra que necesites para posteriores ejercicios.

En el trabajo de cada chakra encontrarás información detallada sobre cómo identificar si uno está equilibrado o desequilibrado; a qué cuerpo corresponde: físico, emocional, mental o espiritual; los cristales que resuenan principalmente para armonizarlo; la capa del aura relacionada, así como curiosidades y ejercicios prácticos.

Al final de cada unidad hallarás también unos ejercicios para que puedas profundizar más en las propias sensaciones y desarrollar tu propia maestría. Los ejercicios de meditación te ayudarán a conectar más en profundidad con la energía del cristal y con el trabajo en esa parte del cuerpo.

Chakra Estrella de la Tierra 10

1. Relacionado con...

El chakra Estrella de la Tierra está relacionado con el cuerpo físico, es el más terrenal. Asociado al color marrón y localizado en los pies.

Representa la vida cotidiana y física.

Si está desequilibrado, puede dar lugar a sensación de impotencia ante determinadas situaciones, como si pensáramos que no podemos hacer nada contra ellas o que no somos dueños de nuestra vida.

Cuando está en equilibrio, manifestamos una sensación de fluir con lo que nos rodea, de suficiencia de nuestras habilidades, capacidad para recibir todo lo que necesitamos, conexión y manifestación de nuestros sueños.

Está relacionado con el cuerpo físico, cuya importancia nos recuerda. Este cuerpo, que tu alma escogió para esta encarnación en la tierra, es perfecto tal cual es.

Tu cuerpo está compuesto por millones de células. Cada una de ellas tiene conciencia y te escuchan como señor creador de su universo. Ellas responden a tus pensamientos y sentimientos. Cuando tus pensamientos sobre tu cuerpo son positivos y amorosos, tus células responden amorosamente y, como resultado, tu cuerpo está sano y se ve luminoso, armónico.

Sin embargo, cuando rechazas o tienes pensamientos negativos sobre alguna parte de tu cuerpo, las células de esa área se entristecen, sufren y se encogen. Para protegerse de ese sentimiento, de esa vibración, se aíslan de ti; por ejemplo, rodeándolo de agua. Eso nos lleva a sufrir retención de líquidos, celulitis… Pues se trata de una energía estancada y de unas células que se han alejado para no sufrir daño.

Vinculado con la vida física y con la materia, tiene una profunda relación, junto con el primer chakra, con todos los temas derivados del dinero, la abundancia, la carencia…

Cuando no nos sentimos como árboles que crecen en la inmensidad del mundo, cuando nos sentimos limitados o reducidos en una vida de carencia, toda nuestra vida material se ve limitada.

Trabajando con este chakra y con la idea de recoger los frutos que merecemos, vamos a potenciar una vida material y física ilimitada, pues nos sentiremos merecedores de ella. La duda y el miedo nos alejan de nuestro poder creador.

2. Test sobre el estado de tu chakra Estrella de la Tierra

Contesta sí o no a las siguientes preguntas.

Después, consulta los resultados en la página 289. Para complementarlo puedes hacer uso del péndulo y comprobar la amplitud y el sentido de giro de tu chakra.

Estará abierto cuando gire en sentido horario y tenga gran amplitud, sin llegar a ser excesiva.

Estará cerrado cuando gire en sentido antihorario y/o la amplitud sea muy pequeña o excesivamente grande.

PREGUNTAS	Sí/No	Puntuación
Mi vida es plena		
Me gusta estar en la tierra en este momento		
Siento miedo por la situación caótica que hay en el mundo		
No me gusta mi vida actual, estoy muy alejado de mi vida ideal		
Acepto y quiero mi cuerpo físico		
Siento que no tengo el control sobre mi vida o en algunas áreas (dinero, trabajo, familia…)		

Resultados:

— 3 puntos: chakra abierto.
— De 0 a 3 puntos: parcialmente abierto.
— 0 puntos: cerrado.

3. Cristales que resuenan especialmente con el chakra de los pies o con el cuerpo físico (cristales marrones y negros)

- Cuarzo ahumado
- Ónix negro
- Jaspe marrón
- Vanadinita
- Cuarzo turmalinado
- Ojo de tigre
- Ágata negra
- Turmalina negra
- Piedras boji

Vamos a ver un ejemplo de cómo entender las características de uno de estos cristales y luego lo completaremos con la información que nos facilite el propio cristal al sintonizarnos con él. No olvides que esta es la mejor manera de establecer comunicación con tu cristal.

No subestimes esa información, pues es tu propia sabiduría la que habla.

Como he comentado al principio, pretendo con esta experiencia que cada uno conecte con el cristal y sea capaz de sacar su propia maestría, acceder a sus propios Registros. Se trata de que tu conectes con el cristal y descubras por qué ha llegado a ti, qué tiene que ofrecerte y en qué puede ayudarte.

Cuarzo ahumado

Es un cristal que nos ancla profundamente en la tierra, y uno de los más recomendados para trabajar este chakra, por la profundidad y fuerza con la que nos arraiga.

Tiene una forma de acción suave, calmada, sencilla. Aprovecha muy bien la energía existente, por lo que no la va a derrochar en procesos complicados. Eso sí, va a trabajar con nuestras **tareas de aprendizaje,** es decir, se van a tratar temas que te has propuesto experimentar y que van a estar muy ligadas con la parte más física de tu encarnación.

En este proceso evolutivo, nos va a aportar su fuerza y capacidad de aguante para sobrellevar el dolor que pueda surgir y para que el trabajo que tenemos pendiente sea más fácil de realizar.

Mentalmente, nos ofrece una visión realista de la situación que estamos viviendo, por lo que los razonamientos serán objetivos y realistas, lo que permitirá que veamos con mayor claridad.

Gracias a esa visión más realista de la situación, quedarán despejados muchos miedos infundados, lo que nos aliviará y nos relajará, sobre todo en situación de tensión, miedo o estrés.

En cuanto al cuerpo físico, resuena con piernas, columna y caderas. Produce un efecto analgésico y antiespasmódico, además de aliviar el dolor y fortalecer los nervios.

Ahora coge tu cristal en las manos y deja que se presente.

Empezamos realizando varias respiraciones profundas y disminuyendo nuestro nivel de atención, centrándonos solo en el cristal y en las sensaciones que percibimos. Nos volvemos observadores de nosotros mismos.

Aunque al principio te cueste, no desistas. Estás explorando tu cuerpo de una manera diferente. Hasta ahora solo hemos obtenido información a través de la mente, del razonamiento. Ahora vamos a ejercitar nuestra intuición, nuestra capacidad extrasensorial y, aunque pienses que no la tienes, la tienes. Solo has de aprender cómo funciona.

Este es mi cuarzo ahumado. Y he aquí el mensaje que quiere compartir con nosotros:

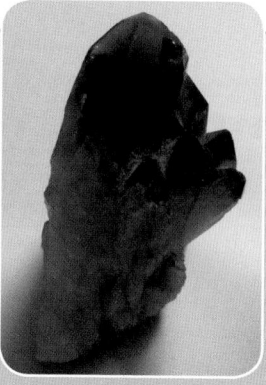

Mi visión de la vida es muy específica. Veo la densidad e infundo luz para poder liberarla. Las sombras se esconden en los huecos, yo actúo donde hay sombras, donde hay algo escondido…, y le aporto luz.

No hay que temer a la oscuridad, pues es solo la ausencia de luz, y es parte de ti y forma parte del Todo.

Puedes usarme para liberar aquello que tienes escondido, aquello que te da miedo, aquello que te pesa y cuyas vibraciones ya no se corresponden con las tuyas, con las de un Ser que quiere elevarse y quiere dejar atrás la densidad.

Te devolveré la conciencia a este momento. Te haré presente en tu realidad. Te afianzaré en tu cuerpo físico, pues necesitas un cuerpo físico para llevar a cabo tu misión. Trabajas para elevar las vibraciones de un cuerpo físico, aumentar su vibración e integrar en él un Ser elevado.

No solo se esconden los miedos, también lo hacen las formas de pensamiento densas, los patrones heredados, los condicionamientos, los juicios… Podemos trabajar para liberar todo eso.

Cada cuerpo físico lleva en herencia los patrones de sus ancestros. Aquellos que hemos aceptado como válidos quedan ahí recogidos. Si esos patrones van en contra de nuestra naturaleza, perderemos la alegría de vivir por seguirlos.

Cierto es que pensamos que para pertenecer a «la familia» debemos hacer lo que «la familia» quiere y espera de nosotros. Pero este es un pensamiento caduco, un pensamiento de la antigua forma, y ahora ya no nos vale. Ahora somos responsables de nuestra vida y hemos decidido seguir nuestro camino, el camino de nuestra alma, para llegar a casa.

Coge ahora otro de tus cristales y deja que te hable. Esta información te será de utilidad en el momento de determinar qué ejercicios puedes hacer con ellos.

Rellena una ficha como esta sobre las propiedades de cada cristal de tu colección que resuene con este chakra. Si ya lo hiciste antes en la presentación de cada cristal, completa la información con este ejercicio que acabamos de comentar.

No te preocupes si al principio no eres capaz de describir con mucho detalle el mensaje del cristal.

Para empezar, comienza por anotar lo que te hace sentir, los pensamientos recurrentes, tu nivel de concentración, tu estado anímico, tu cuerpo físico... Obsérvate.

Dedícale el tiempo que necesites a cada cristal. Puedes usar uno cada semana o el tiempo que consideres imprescindible, colocarlo bajo la almohada, anotar los sueños...

La única manera de entender cómo funciona ese cristal contigo es practicando. No hay caminos alternativos si quieres sacar tu maestría interior. Puedes leer sobre las propiedades teóricas del cristal, pero no encontrarás en ningún sitio lo que ese cristal hará por ti y sobre qué patrones o cuerpos va a trabajar en tu caso, pues tu vibración es única.

Experimenta por ti mismo. No te limites a leer y observar.

Es tu momento. Aprovéchalo.

NOMBRE:
Fecha:
Posición del cristal:
Sensaciones físicas:
Sensaciones mentales:
Sensaciones emocionales:
Otras observaciones:

FICHA DEL CRISTAL

NOMBRE:
Chakra dominante:
Órganos sobre los que trabaja:
Cuerpos en los que trabaja:

4. Órganos relacionados

Sabemos que los pies son muy importantes. No solo sostienen nuestro cuerpo, en ellos se encuentran todas las terminaciones nerviosas de nuestro cuerpo y contienen la representación de todos los órganos. Es por ello que con un masaje de pies se pueden activar y relajar todos los órganos del cuerpo.

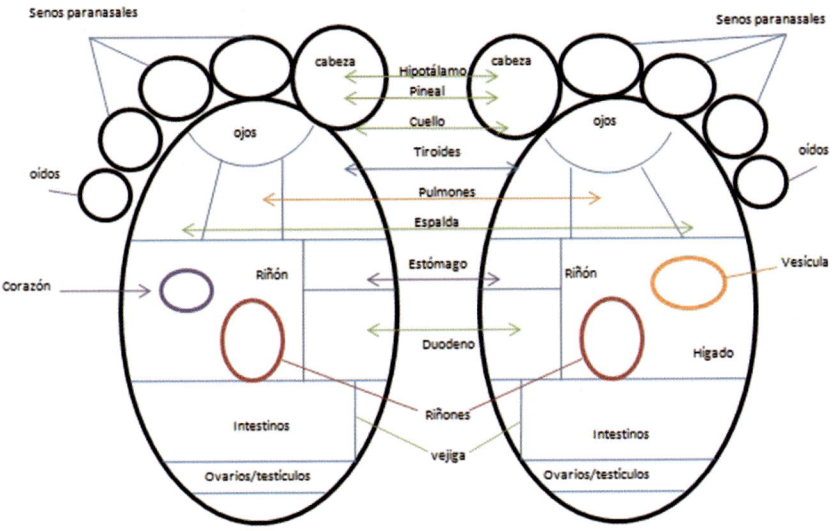

Si utilizamos un cristal para masajear los órganos, estaremos tratándolos con la energía del cristal.

Para este tipo de ejercicios, es recomendable usar cristales con forma de masajeadores. Pueden ser de tipo cónico, cilíndricos o con una parte con forma de lápiz y otra redonda. La parte redondeada distribuye la vibración del cristal de modo uniforme y a la misma profundidad. Los que tienen forma de punta o lápiz proyectan a través de esta punta un haz de luz, con lo que se incide más profundamente al mismo tiempo que se concentra la acción en un punto.

Otra cosa a tener en cuenta es el cristal que vamos a utilizar. Los hay más neutros a la hora de empezar a trabajar con ellos, como por ejemplo un cuarzo rosa (amor incondicional), la selenita (limpieza de energías negativas), la amatista (elevación de vibraciones)…

Hasta que no os sintáis más seguros con los cristales, no os recomiendo el uso de los más potentes, como la obsidiana, que saca rápidamente a la luz aquello que escondemos. No se trata de tenerle miedo a ningún cristal, sino de ser conscientes a la hora de emplearlos.

Para aplicarlos, puedes impregnar el pie con un aceite de masaje, el que prefieras, para que la piel esté sedosa y el cristal se mueva fácilmente por la planta.

Comienza por la parte redonda de tu masajeador y, ejerciendo un poco de presión, pero sin causar dolor, ve recorriendo toda la planta del pie, desde los dedos hasta el talón. Realiza movimientos circulares y da varias pasadas. Si detectas algún punto donde sientas especialmente el paso del cristal, insiste. Identifica a que órgano corresponde esa zona y refuerza el masaje con algún ejercicio que cubra el área. No tengas prisa en recorrer todos los puntos. Siente cómo el masaje está activando tus órganos, visualízalo.

También puedes dividir la planta como en tres partes y trabajarla por zonas. Desde los dedos hasta la almohadilla, el arco del pie y la zona del talón.

Realiza los ejercicios de masaje y presión en cada área y luego pasa a la siguiente. Finalmente, trata la planta en todo su conjunto.

Cuando finalices el ejercicio, coloca un cuarzo ahumado en tus pies y permanece tumbado durante veinte minutos. Relájate y disfruta. Ahora es tiempo de que el cristal drene a tierra las vibraciones que han sido removidas y sacadas a la superficie gracias al masaje.

5. Ejercicios

Los siguientes ejercicios se proponen como inicio para que comiences a experimentar por ti mismo su uso y propiedades, pues ante todo se trata de un método experimental donde será tu intuición la que te guíe sobre qué cristal usar.

Recuerda lo que hemos comentado en esta unidad sobre los pasos a seguir antes de ponerte a trabajar con un cristal; los cristales tienen que estar limpios, activados y programados.

Busca un lugar y un momento en que puedas estar tranquilo y, después de realizar varias respiraciones profundas, conéctate a tierra como hemos comentado.

Prepararemos nuestro cuerpo con una sesión inicial de veinte minutos colocando un cristal en cada chakra; recuerda disponerlos según su color. Puedes poner música tranquila mientras realizas este ejercicio si eso te relaja.

Centra tu atención en tu cuerpo. Ve recorriendo mentalmente cada una de sus partes, desde los pies a la cabeza, e intenta sentir lo mismo que sienten cada una de tus células. Observa dónde hay tensión, observa tu respiración al pasar por cada zona, observa tus latidos según vas recorriendo cada rincón.

Pasado este tiempo inicial, podemos realizar estos ejercicios para trabajar, limpiar y armonizar nuestro chakra estrella de la tierra.

Recuerda que, cuando este chakra está equilibrado, recuperamos la sensación de suficiencia en nuestras habilidades y nos vemos capaces de crear y manifestar cualesquiera que sean nuestros sueños. Cuando está en desequilibrio, nos invade una sensación de frustración e impotencia frente a los acontecimientos que nos rodean y toda circunstancia que percibimos pensamos que nos viene impuesta por un agente externo, con lo que no nos sentimos dueños de nuestro destino.

Tratamiento de un órgano

Podemos actuar sobre un órgano de dos maneras, encima del propio órgano o donde está su representación en la planta del pie.

Generalmente, es más cómodo colocar cristales sobre el cuerpo. Incluso podemos fijarlos con cinta adhesiva, pero no debemos olvidarnos de esta segunda posibilidad, sobre todo para trabajar sobre nosotros mismos, pues hay veces que la postura sobre el cuerpo puede resultarnos algo incómoda y más fácil intervenir sobre la planta.

Para la elección del cristal, actuaremos como si lo fuéramos a colocar en el cuerpo, es decir, si vamos a tratar la garganta con una turquesa, podemos localizar el punto correspondiente a la glándula tiroides en el cuerpo y actuar ahí con la turquesa.

Primero, realizaremos un masaje manual para activar la zona y luego masajearemos con el cristal durante unos minutos, para finalmente colocar el cristal con cinta adhesiva.

La actuación sobre algún punto de terminación de meridianos hará que el efecto se distribuya aguas arriba del punto, por lo tanto, tendrá repercusión en todo el meridiano. No hay que temer por ningún efecto que esto pueda acarrear, pues los cristales actúan por semejanza y solo vibrarán donde la resonancia sea similar. Al contrario, esto nos beneficiará, pues la acción del cristal se difundirá por toda la línea del meridiano.

Es positivo comprobar los efectos que nos producen los distintos cristales sobre el mismo punto. Es una forma de testar cómo nos influyen las energías de los cristales y así elegir más tarde aquella que necesitemos, en función de nuestra experiencia. Para ello, deberás hacer anotaciones sobre la zona y el cristal elegido y realizar tu propio libro de campo. Nadie sabe mejor que tú cómo funcionas.

Para que puedas comparar entre varios cristales, realiza el ejercicio sobre el mismo punto de la planta del pie. Selecciona tres o cuatro cristales que correspondan a chakras diferentes, uno de los cuales, al menos, se corresponda con el color del órgano que trata.

Por ejemplo, si voy a tratar el hígado, elegiré al menos una piedra de color amarillo, que es la relacionada con el chakra tercero: el que resuena con el hígado. Recuerda que en la sección de órganos y chakras tienes una relación entre unos y otros.

Masajeador de jadeíta

Punto de aplicación: ....

Fecha: ....

PRIMER CRISTAL: ....

Sensación física: ....

....

Sensación mental: ....

....

Sensación emocional: ....

....

Otras observaciones: ....

....

SEGUNDO CRISTAL: ....

Sensación física: ....

....

Sensación mental: ....

....

Sensación emocional: ....

....

Otras observaciones: ....

....

Fortalecer y equilibrar la conexión a tierra

Vamos a potenciar el giro de nuestro chakra de la tierra para favorecer el equilibrio y la apertura del mismo.

Cogemos un cuarzo blanco en forma de punta. Los tipo «láser» son los más adecuados. Para usarlos tienes que proyectar la energía que llega a tu mano y prolongarla a través del cristal.

Coge tu láser y traza una espiral partiendo desde el centro del pie y en sentido horario. No hace falta que la punta toque el pie; de hecho, es recomendable hacerlo a unos centímetros. Comienza a ejecutar dicha espiral y repítelo varias veces seguidas. Siente cómo se activa la energía de este punto, cómo se va calentando tu pie…

Cuando pase el tiempo que consideres adecuado, realiza la misma operación en el otro pie.

Seguidamente, tomaremos un cuarzo ahumando (el más recomendado), ojo de tigre, ágata negra o cualquier cristal de color marrón.

Con el cristal limpio, sintonizado y activado, vamos a programarlo para que nos ayude a asentar todas las energías que estamos sintiendo.

Colocamos el cristal en nuestros pies y observamos la reacción de nuestro cuerpo y cómo nos hace sentir. Podemos experimentarlo de pie o tumbados, como más nos guste. Después de quince minutos, observamos nuestro cuerpo y establecemos diferencias entre el antes y el después.

Si anteriormente practicaste el ejercicio de actuación sobre un órgano, compara las sensaciones percibidas en ambas experiencias.

Recomendable realizar este ejercicio durante siete días. Al séptimo, después de escribir las anotaciones de cómo te encuentras, compáralas con las de tu primer día.

Activación chakra: ....
Fecha: ....
1.er día: ....
....
2.º día: ....
....
3.er día: ....
....
4.º día: ....
....
5.º día: ....
....
6.º día: ....
....
7.º día: ....
....
Conclusiones: ....
....
....
....

Disipar dificultades para ver la realidad

Recuerda prepararte antes de realizar el ejercicio como hemos comentado y, por supuesto, no olvides que los cristales deben estar limpios, activados y programados antes de hacerlo.

Empezaremos el siguiente ejercicio con un **cuarzo ahumado** colocado en el chakra estrella de la tierra (a partir de ahora me referiré a él como CH0).

El tiempo del ejercicio será como mínimo de veinte minutos, pero puedes alargar su duración si así lo sientes.

Repite el ejercicio durante siete días para comprobar cómo cambia nuestra manera de percibir esa situación, y repítelo veintiún días para integrarla completamente en tu vibración energética.

Es aconsejable hacer una ficha sobre la evolución. A veces esperamos que se produzcan grandes cambios o acontecimientos sorprendentes. Puede ser, todo es posible, aunque lo más seguro es que estos cambios al principio sean más sutiles; si bien, al ser continuados, nos parecerá una diferencia apreciable si comparamos cómo nos sentíamos al principio y cómo nos sentimos después del ejercicio.

Puede cambiar nuestra forma de pensamiento, nuestra actitud, la seguridad en nosotros mismos…

6. Otros ejercicios de interés: triangulaciones

La geometría tiene una fuerza especial que, cuando se combina con la vibración de los cristales, produce resultados «mágicos».

Hablamos ahora de triangulaciones; formas geométricas realizadas con cristales, cuya acción es potenciada por estos, pudiendo abarcar grandes áreas o superficies.

Espiral

Abre la puerta e indica el camino que ha de seguir la vibración a tratar. Cuando la espiral es en sentido horario, estamos estimulando y sacando hacia afuera. Cuando es en el sentido contrario a las agujas del reloj, estamos relajando o bajando velocidad e introduciendo la energía a tratar en el cuerpo sobre el que actuamos.

Activa, hacia afuera   Relaja, hacia adentro

Círculo protector

Realizamos un círculo protector con doce cristales. Para este caso, vamos a trabajar con cuarzo blanco: protector, iluminador y canalizador excelente de luz y energía.

Imaginamos un reloj y vamos a colocar la hora 6 coincidente con el Sur geográfico del lugar. El orden a colocar los cristales será el siguiente:

1. La hora 6 correspondiente con el Sur
2. La hora 9 correspondiente con el Oeste
3. La hora 12 correspondiente con el Norte

4. La hora 3 correspondiente al Este
5. La hora 4
6. La hora 5
7. La hora 7
8. La hora 8
9. La hora 10
10. La hora 11
11. La hora 1
12. La hora 2

Colocados en el interior del círculo (para permanecer dentro), nos conectaremos a tierra para aferrarnos bien. Desde nuestro chakra coronario vamos a ver cómo entra la energía universal por nosotros, sentimos cómo recorre nuestro cuerpo hasta que salga por nuestras manos.

Con nuestro cuarzo blanco o nuestra mente, vamos a trazar un círculo uniendo todos los cristales empezando por el 6 y siguiendo por el 7. Uno a uno. Realizamos 3 vueltas completas.

Esta triangulación puede usarse para grandes áreas, como una casa o una habitación, y con ella creamos un espacio seguro a salvo de cualquier ergón negativo (formas de pensamiento negativas colectivas que pululan por cualquier área).

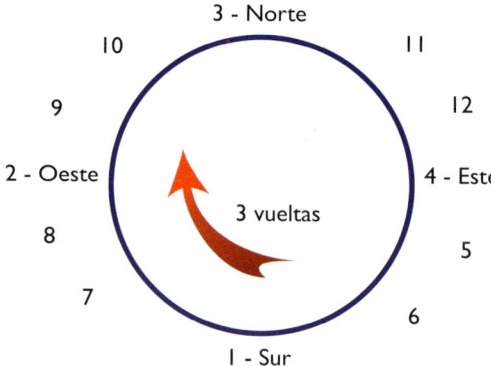

Triangulación sencilla

Con esta forma geométrica estamos trabajando la protección y también el equilibrio, pues ponemos los tres puntos al mismo nivel de energía.

Dejaremos la puerta de acceso a la derecha. Colocaremos el primer cristal en el punto más alejado izquierdo, luego, el más alejado derecho en línea recta y realizaremos el vértice en la pared enfrentada, situándolo entre medias de los dos puntos.

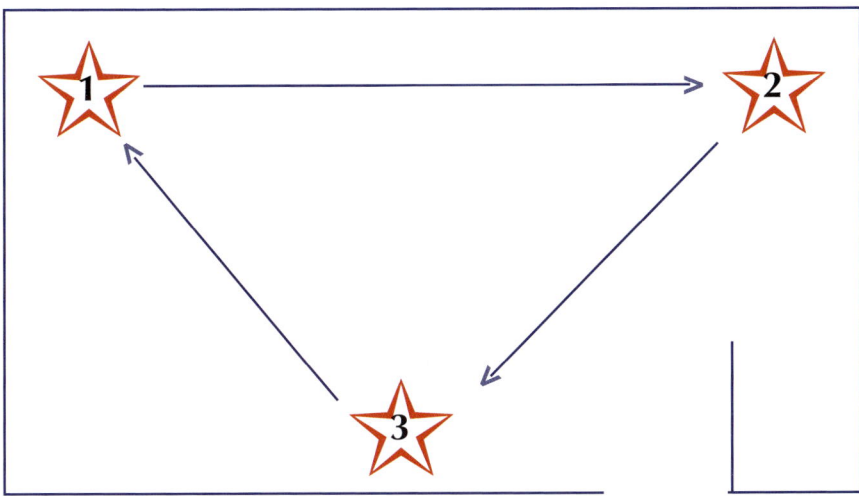

En función del cristal o grupo de cristales que usemos para la triangulación, podremos crear espacios protegidos frente a energías negativas, espacios donde la canalización y la comunicación con Seres Ascendidos sea más fácil, ámbitos donde conectar con nuestros Registros akáshicos.

Por ejemplo, si elegimos la turmalina negra, estaremos estableciendo un espacio de trabajo seguro, tanto para el terapeuta como para el paciente. La turmalina negra es una piedra muy protectora y absorbe la energía negativa.

Durante una sesión energética es normal que se liberen energías densas correspondientes a formas de pensamiento antiguas o caducas, limitaciones, dolencias, opresiones: en definitiva, energías densas. Para que nadie se impregne de ellas, especialmente personas que son muy empáticas con los demás, realizaremos una triangulación sencilla con turmalina negra y nosotros estaremos en el área interior. De esta forma, todo lo que se libere será absorbido por los cristales y no se quedará enganchado en nadie.

Es tu turno...

Ejercicios prácticos de la unidad

1. Realizad al menos tres de los ejercicios propuestos en la unidad que potencian la acción sobre el chakra estrella de la tierra

2. Elegid un cristal de vuestra colección que no haya sido comentado en los ejercicios. Colocadlo en el chakra estrella de la tierra durante quince minutos y anotad las impresiones. Realizad este ejercicio siete días. Anotad diariamente las impresiones sentidas. ¿Para qué recomendarías el uso de este cristal en este sitio? ¿Completarías su acción con algún otro cristal? (desarrolla, explicando cristal, sitio, tiempo o lo que consideres necesario)

3. Comprobad los efectos de una triangulación sencilla. Primero: nos conectamos a tierra con un cristal tierra: cuarzo ahumado, ónix, jaspe, durante quince minutos. Anotamos nuestras impresiones. Dejamos pasar un poco de tiempo (media hora, una hora), realizamos una triangulación sencilla de cuarzo ahumado con nosotros dentro. Permanecemos dentro durante quince minutos. Anotamos las impresiones. ¿Hemos notado diferencias? Explicación.

4. Practicad la triangulación espiral en los dos sentidos sobre un mismo punto. ¿Notáis diferencias? Explicación.

Puedes enviar tus respuestas a cristalesychakras@gmail.com para recibir comentarios sobre ellas.

Meditación

Meditación chakra Estrella de la Tierra

Colócate en una postura cómoda, preferiblemente sentado en posición meditativa. Abrígate con una mantita si eres friolero y coloca tu cristal que resuene con la tierra en los pies. Puedes usar un cuarzo ahumado, un ojo de tigre, un ágata...

Realiza varias respiraciones profundas y ve centrando tu atención en tu respiración. Observa cómo responde tu cuerpo a la entrada de aire, cómo se hinchan tus pulmones, tu pecho se expande, tu chakra cardiaco también, cómo le va llegando el oxígeno a todas las células de tu cuerpo y luego cómo, al soltar el aire, el cuerpo se relaja y se va liberando de tensiones. Realiza varias respiraciones conscientes hasta que encuentres que tu cuerpo está relajado.

Nos conectamos ahora a tierra según hemos aprendido en esta unidad. Las mujeres desde el chakra segundo, los hombres desde el chakra primero. Visualizamos cómo desde nuestro chakra sale un cordón de luz que penetra en la tierra y que va a ir profundizando en ella hasta encontrar su centro. Un gran sol interno, cálido y luminoso. Unimos nuestro cordón a este sol interno. Desde nuestros pies, comienzan a crecer pequeñas raíces que se hunden también en la tierra y se van entrelazando con nuestra raíz hasta llegar al sol interno.

Ahora vemos cómo comienza a subir la energía de ese sol luminoso por nuestra raíz, lentamente, hasta llegar a nuestros chakras de los pies-chakra primario (hombres y mujeres), continúa hasta nuestro chakra segundo trasero (mujeres)-chakra segundo delantero-chakra primario (hombres y mujeres) estableciéndose así un flujo de energía que entra desde la tierra y, tras pasar por nuestro chakra, vuelve nuevamente a ella.

Esta energía que sentimos cálida y acogedora nos va reconfortando al tiempo que libera los bloqueos alojados en nuestro chakra. Comprobamos cómo nos liberamos de tensiones, de miedos, de inseguridades… Nos aliviamos en esta sensación hasta que sintamos que nos hemos limpiado de todo.

Centramos la atención ahora en el cristal que está en nuestros pies. Vemos su energía, su halo de luz. Visualizamos cómo nuestro cuerpo de luz coge este cristal en la mano y nos transporta a un lugar maravilloso.

Estamos en Machu Pichu. Centro energético de la Tierra donde se sienten especialmente la fuerza y la energía de la naturaleza. Inspiramos profundamente llenándonos de esta energía maravillosa. Notamos cómo con cada respiración nuestras raíces se hacen más y más profundas y se acrecienta nuestra conexión con la tierra… Nos sentimos parte de ella, como un árbol más, como el agua de los riachuelos, como las hojas de los árboles.

El maestro del lugar sale a nuestro encuentro. Nos recibe amorosamente y nos invita a pasar al pueblo. Vemos a sus gentes, sus casas… Nos ofrecen un guía personal para que exploremos el lugar y podamos preguntar todo lo que nos llame la atención. Agradecemos el ofrecimiento. Nuestro guía nos va llevando por distintas partes. Recórrelas sin prisa, empápate de esa vibración mágica que allí se respira.

Tu visita privada te va llevando hasta un claro, en el centro de varios edificios. Hay más visitantes como tú que han sido invitados a compartir esta vivencia de amor y energía de la madre tierra. Os saludáis y formáis un círculo.

El maestro está dentro del círculo. De su cuello cuelga una punta de cuarzo de una pureza sin igual. Va pasando frente a los que formáis el círculo. Realiza un signo sobre cada uno de vuestros cuerpos de luz que os ancla aún más a la Tierra.

Este símbolo os facilitará la estancia en el mundo físico que habéis elegido en la tierra, os aliviará del peso de esa dimensión y favorecerá que vuestras tensiones y miedos, esos que os alejan de la conciencia de ser seres creadores y manifestadores de vuestro destino, se diluyan por las conexiones con la tierra.

Vemos cómo nuestras raíces han crecido aún más. Son raíces fuertes y abundantes, que, como a los grandes árboles, nos permiten desarrollarnos, sostenernos y manifestar todo un mundo interior de creación y magia. Siéntete como un árbol, erguido, majestuoso… Extiende tus brazos, de ellos salen ramas, se van entrelazando y se alzan al cielo. Es la manifestación de tu Yo interior, de tu Ser de Luz.

Empápate cuanto quieras de esta sensación, de esta vibración que ahora te rodea… Tómate el tiempo que necesites para asimilar esta maravillosa vibración que ahora te envuelve.

Preparados para marcharnos, agradecemos al gran maestro este regalo maravilloso. Nos abre el lugar para que volvamos cuantas veces necesitemos y queramos para seguir trabajando la conexión con la tierra.

Nuevamente somos conscientes de nuestro cristal, que todo este tiempo ha permanecido con nosotros. Ahora su luz parece distinta… algo en él ha cambiado… O hemos sido nosotros los que miramos de forma diferente…

Tu cristal te devuelve a tu cuerpo físico. Poco a poco, vas sintiéndolo nuevamente. Te estiras, abres los ojos y plantas los pies en el suelo, más consciente que nunca de este simple hecho cuya importancia solo ahora reconoces.

Observa tu cristal. Observa si algo ha cambiado…

Chakra primero o raíz 11

1. Relacionado con...

El cuerpo físico. Color rojo.

Controla los sentidos de supervivencia y seguridad. Lugar donde se alojan nuestros miedos, ira, frustración, enfado.

Vinculado con la primera capa del aura, es la capa más física y su cuidado está muy relacionada con la buena salud de nuestro cuerpo físico.

Aquí se alojan nuestros temores, todos los temas referidos al cuerpo físico y su manifestación (obesidad, marcas, enfermedades...), así como a los patrones heredados.

La carga genética, esa que permite decir que haces el mismo gesto que Fulanito, que eres calcado a tu abuelo, que tienes el mismo mal genio de la rama de los (cualquier apellido nos vale)... Todo esto son patrones heredados no resueltos de tu árbol genealógico. Cuando un integrante del árbol es consciente del patrón que se está manifestando, está destinado a sanar la rama y, por extensión, el árbol entero.

Todas estas memorias se guardan celosamente en nuestro primer chakra. Cuando trabajamos sobre ellas y las sacamos a la luz, es el momento de trascenderlas y liberarlas.

2. Test sobre el estado de tu chakra primero

Contesta sí o no a las siguientes preguntas.

Después, consulta los resultados en la página 289. Para complementarlo, puedes hacer uso del péndulo y comprobar la amplitud y sentido de giro.

Estará abierto cuando gire en sentido horario y tenga gran amplitud, sin llegar a ser excesiva y estar el péndulo casi horizontal.

Estará cerrado cuando gire en sentido antihorario y/o la amplitud sea muy pequeña o excesivamente grande.

PREGUNTAS	Sí/No	Puntuación
Me siento cómodo en el mundo físico		
Siento que la tierra no es mi casa		
Soy una persona muy vital y enérgica		
No tengo una gran vitalidad		
Disfruto con el ejercicio físico		
Evito cualquier actividad que requiera esfuerzo físico		

Resultados:

— 3 puntos: chakra abierto
— De 0 a 3 puntos: parcialmente abierto
— 0 puntos: cerrado

3. Cristales que resuenan con el chakra raíz (cristales rojos)

- Rubí
- Granate
- Jaspe rojo, o en cualquiera de sus variedades rojizas
- Jade rojo o marrón
- Cuarzo rojo

Coge el cristal rojo de tu colección y vamos a trabajar con él.

Nuestra área es ante todo experimental, así que la mejor forma de saber para qué te sirve a ti un cristal es practicando con él.

Identifica tu cristal y disponte a conectar con él.

Recuerda que el cristal ha de estar limpio, activado y programado. Busca un lugar en el que puedas estar tranquilo y relajado, y concédete unos minutos para trabajar y experimentar.

Cuando estés preparado, realiza varias respiraciones profundas y ve relajando la atención de tu mente. Concéntrate solo en tu cuerpo y en tu respiración, no pienses.

Conéctate a tierra con el color del cordón que quieras o, en su defecto, elige el color rojo del chakra raíz.

Coloca el cristal en tus manos y abandónate a sentir.

Cuando lo creas conveniente, coloca el cristal en tu chakra primero y respira pausadamente. No proyectes nada, limítate a sentir tu cuerpo y a observar sus reacciones, las emociones que afloran, los pensamientos que llegan a ti…

Recógelo todo sin emitir juicio y completa tu manual de trabajo. Recuerda que te será sumamente útil elaborar un manual único y personal de acuerdo a lo que experimentes con cada cristal.

Es posible que al principio, con poca práctica, tengas que realizar el ejercicio unas cuantas veces. No importa, al contrario. Podrás comprobar y experimentar cómo tu intuición se va agudizando, y en cada sesión descubrirás un registro nuevo.

Puedes completar estas dos fichas por cada uno de tus cristales rojos. Una sobre cómo has experimentado la conexión con tu cristal en cada uno de tus cuerpos: físico, mental, emocional y espiritual, y la otra de evolución semanal. Toda esta información te ayudará a tomar conciencia de tu propio cuerpo y de tu manera de percibir y comunicarte con el cristal.

NOMBRE:
Fecha:
Posición del cristal:
Sensaciones físicas:
Sensaciones mentales:
Sensaciones emocionales:
Otras observaciones:

FICHA DEL CRISTAL

NOMBRE:
Chakra dominante:
Órganos sobre los que trabaja:
Cuerpos en los que trabaja:

Activación chakra: ....
Fecha: ....
1.er día: ....
....
2.º día: ....
....
3.er día: ....
....
4.º día: ....
....
5.º día: ....
....
6.º día: ....
....
7.º día: ....
....
Conclusiones: ....
....
....
....

4. Órganos relacionados

Chakra 1, situado en el pubis. A nivel de ejercicios se puede colocar el cristal en la ingle izquierda.

- Equilibra y protege el órgano excretor
- los órganos sexuales
- el plexo pélvico
- la matriz
- la próstata
- el intestino grueso
- la columna
- las uñas
- los cabellos
- los pies
- la pierna
- los huesos
- el inconsciente
- el cuerpo físico

5. Ejercicios con cristales y chakra raíz

Conexión a Tierra

Vamos a trabajar sobre este aspecto, pues es muy importante que aprendamos a anclarnos bien. No solo para liberar energías negativas atascadas del cuerpo, también va a actuar como «ancla».

Cuando hagamos ejercicios de vibración más elevada, será fundamental estar bien anclados a Tierra para no sentir que «volamos» o que nos mareamos. Todas esas sensaciones indican que no estamos bien conectados a la tierra.

Hasta ahora, cuando nos hemos conectado a tierra, casi siempre hemos usado un solo color para el cordón que nos unirá a ella. Para unos será rojo, color del chakra desde el que se conectan; para otros será dorado, como la conexión de Ser de Luz con la fuente universal, otros utilizarán el plateado.

Pero hay muchos colores, ¿cierto? Y cada uno de ellos tiene una influencia y un efecto en nosotros que serán únicos y personales.

En este ejercicio de conexión a tierra, los hombres se conectarán desde el chakra 1, las mujeres desde el chakra 2. Elegiremos un color para el cordón y sentiremos cómo la energía de ese color transforma nuestro cuerpo. Atenderemos a las sensaciones que nos produce, si nos relaja, nos aterriza, nos vigoriza, nos es indiferente: todo puede ser.

Todas las respuestas son correctas, pues son tus respuestas, la comunicación entre tu cuerpo y tú, y cómo recibe las distintas energías de los colores.

La secuencia se realizará desde nuestro chakra que corresponda y conectaremos con el mismo centro de la tierra. En ese momento, el color de cordón que visualicemos se irá llenando de la energía de la tierra del mismo color.

Comenzamos con el rojo. Observa tu cuerpo, tus reacciones.

Transformamos lentamente en naranja. Observa tu cuerpo, tus reacciones.

Aclaramos el naranja y pasamos a amarillo. Observa tu cuerpo. Déjate invadir por este nuevo color.

Pasamos a verde. Obsérvate.

Tornamos en azul. Observa tu cuerpo.

Oscurecemos hasta el morado. Observa tu cuerpo.

Aligeramos un poco el color llegando al rosa. Observa tu cuerpo.

Aclaramos el rosa, llegando a un blanco luminoso, como con gotitas de diamantes que centellean. Observa tu cuerpo.

Esas gotitas diamantinas se mezclan con otras doradas, el cordón se va volviendo más y más dorado. Observa tu cuerpo. Experimenta con la mezcla diamantina-dorada.

Es el momento de tomar nota del ejercicio. Esto te ayudará a recordar la influencia que ejerce en ti cada color. Dentro de poco, la elección del color del cordón será instantánea, no tendrás que pensarlo. En función del trabajo que vayas a realizar: limpieza, potenciación de energía, conexión con Seres elevados…, tu cuerpo sabrá qué color elegir.

CRISTAL: ....

Fecha: ....

Color rojo: ....

Color naranja: ....

Color amarillo: ....

Color verde: ....

Color azul: ....

Color morado: ....

Color rosa: ....

Color violeta: ....

Color blanco: ....

Color dorado: ....

Color diamantino: ....

Eliminar formas de pensamiento negativas y limitantes

Hemos mencionado que el subconsciente se trata en el chakra primero.

A lo largo de la experiencia física que vivimos, alejados mucho tiempo de la Fuente, nuestro sentimiento de conexión y unión con esta se fue perdiendo, dando lugar a los sentimientos y bloqueos que se alojan en el chakra 1.

Con este ejercicio podemos poner orden en nuestras emociones, trabajar aquello que nos preocupa y con lo que no nos sentimos satisfechos. Patrones impuestos merman nuestras capacidades y restringen nuestra alegría de vivir. Solo cuando el Ser es puro y auténtico, manifiesta todo su poder creador.

Estos patrones tienen tres vías:

— la familia: constelaciones familiares, sentimiento de permanencia en un sistema
— las normas externas: religión, sociedad, profesores, escuela…
— las experiencias de vidas pasadas que limitan nuestro comportamiento y/o expresión

Comenzaremos por una meditación. Nuestros pies y nuestro chakra base bien conectados a la tierra y, desde nuestro corazón, todos nuestros chakras al Universo. Utilizaremos un **cuarzo ahumado**.

Colocamos el cristal en el chakra 1 y le pedimos que nos localice un episodio de nuestra vida que tenga que ver con una forma de pensamiento ligada a la **constelación familiar**.

Recordemos que esto se refiere a una situación, hecho o actitud que «debemos» cumplir para seguir permaneciendo en el sistema familiar, pero que nos hace infelices porque va en contra de nuestra verdadera naturaleza.

Por una parte sentimos que «tenemos que hacer» lo que se espera de nosotros, lo que «tradicionalmente» se ha hecho, pero, por otro lado, está nuestra verdadera naturaleza, nuestra verdad y nuestra forma de ser. Cuanto más nos apartamos de nuestra propia naturaleza, más infelices y tristes nos sentimos, pudiendo llegar a experimentar incluso periodos de depresión o falta de ganas de vivir.

Nos concentramos.

Inspiramos, expiramos... Realizamos varias respiraciones para ir centrándonos en nuestro Yo interior.

Inspiramos el color marrón visualizando cómo entra por el chakra 1 y luego expiramos el negro saliendo por el chakra 1 y por los pies.

En cada respiración, vamos notando cómo va saliendo de nosotros todo lo caduco y lo que ya no nos sirve. Ten paciencia y hazlo poco a poco y con respeto. Todas esas energías que liberamos pueden llevar mucho tiempo contigo y quizá cueste un poco desarraigarlas. Además, han hecho el trabajo que necesitábamos, por lo que les estamos agradecidos, pero ahora, con este aire marrón, pedimos que sean liberados y los entregamos a la tierra, donde serán transformados por la Madre en amor.

Tras quince minutos de ejercicio, es el momento de expresar tus afirmaciones o reprogramación consciente. Si no se te ocurre ninguna, pide luz que guíe tus pasos.

Es posible que durante el ejercicio hayan acudido a tu mente imágenes o situaciones de disputas familiares. Esto sirve para hacernos conscientes de ellas y para liberarlas.

Realiza este ejercicio todas las veces que necesites hasta que sientas que todos los temas familiares están en paz, o cada vez que tengas un enfrentamiento con algún miembro de tu familia. Te ayudará a percibir la situación de una manera más global y a trascenderla.

Una vez que una situación queda entendida y liberada, deja de manifestarse.

Vemos en nuestro exterior aquello que llevamos en nuestro interior. Los demás se prestan a hacernos de espejo para que podamos tratar en nosotros lo que no nos gusta de ellos.

Aquello que no te guste de tu amigo, trátalo en ti.

Aquello que ames en tu amigo, lo amas de ti.

Tal fácil y tan cierto, aunque a veces nos cuesta identificarnos con aquello que no nos gusta y lo negamos. Solo cuando aceptamos esa parte oscura de nosotros, somos capaces de trascenderla y liberarla.

Nos centramos ahora en un patrón de **condicionamiento externo**.

Pedimos nuevamente al cristal que nos muestre una situación limitante y efectuamos el mismo trabajo. Podemos visualizar cómo un cuenco y cómo el humo ahumado de tu cristal lo va limpiando poco a poco.

Después de quince minutos, puedes realizar tus afirmaciones o reprogramaciones. Si no se te ocurre nada, pide luz que guíe tus pasos.

Igual que en el ejercicio anterior, podemos percibir imágenes o situaciones limitantes. Toda nuestra vida en sociedad está condicionada por unas normas que nos marcan y nos dicen cómo vivir, cómo comportarnos, qué hemos de tener para ser considerados personas de éxito, para ser felices…

Si os fijáis, se trata de patrones que nos animan a «tener». Tener muchas carreras, mucho dinero, un gran trabajo, una gran vida social, ser populares…

Todo esto nos aleja de lo importante, nos aleja de SER.

Nos centramos en tener y nos olvidamos de ser nosotros mismos y, aunque suene a tópico, cuando uno se muestra como es, cuando tiene la valentía de ir tras sus sueños, de decidirse a expresar la vida como él la entiende, no hay nada físico y material que pueda compararse a eso.

Es la profunda conexión y comunión con tu alma, con tu Ser superior, que se manifiesta a través de tu conciencia encarnada.

Por último, pedimos al cristal que nos muestre una situación de **vida pasada** que esté limitando un comportamiento actual.

Puede tratarse de una vivencia traumática, y que ahora no entendamos ciertas fobias, o de cualquiera que quedara marcada en el pasado.

Realizamos el mismo ejercicio de limpieza con el cuarzo, actuando y limpiando nuestro chakra 1.

Tras quince minutos, tanto si has visualizado algún episodio como si no, conscientemente pides integrar en ti, aquí y ahora, esa energía perdida en esa vida.

A partir de este momento, ese condicionante queda eliminado y eres libre como ser de expresar tu verdadera naturaleza.

Este tipo de ejercicios, dada su complejidad y extensión, pueden y deben ser realizados varias veces. En cada ocasión aprenderemos algo nuevo acerca de nosotros y de nuestra energía.

No tengas prisa en recorrer el camino. La vida es un proceso de aprendizaje continuo, no una carrera contrarreloj. Disfruta de la experiencia.

Puedes usar una ficha como esta para completar la información que vaya aflorando en cada ejercicio.

FORMAS DE PENSAMIENTO LIMITANTES

Patrones familiares: ....

....

....

....

....

....

FORMAS DE PENSAMIENTO LIMITANTES

Condicionamientos externos: ....
....
....
....
....
....
....
....
....
....

FORMAS DE PENSAMIENTO LIMITANTES

Vidas pasadas: ....
....
....
....
....
....
....
....
....
....

Liberar enfado y tensiones

Como hemos comentado, el chakra primero es nuestro almacén de tensiones. Ahí se concentran nuestros temores, todo lo que pensamos que atenta contra nuestra supervivencia o interfiere con nuestra seguridad.

Cuando nos enfadamos o sentimos ira ante una situación, en realidad es una respuesta de supervivencia del cuerpo frente a una agresión que consideramos relativamente fuerte y que atenta contra nuestra integridad. Podemos ayudarnos con un cristal para liberarnos de estas energías. Usa un jade rojo o un rubí.

Coloca el jade rojo frente al chakra 1 y visualiza cómo comienza a formarse una espiral y penetra en tu chakra. Esta espiral va barriendo todos los huecos y va liberando la energía contenida. Permítete liberar todo lo que surja. No analices, solo siente y libera.

En cada inspiración, la espiral entra roja en el chakra con la vibración del cristal. En la expiración, el aire sale más ennegrecido con las emociones contenidas con forma de espiral hacia afuera y conectado a tierra.

Realiza varias respiraciones hasta que sientas que has liberado lo que estaba pendiente.

Ahora túmbate, coloca el jade rojo en el chakra 1 y relájate. Permanece así un mínimo de veinte minutos o el tiempo que consideres.

Anota tus impresiones en tu diario y vuelve a repetir el ejercicio pasados unos días si así lo necesitas.

Dependencias: alcohol, comida, tabaco...

Detrás de toda conducta de dependencia hay un patrón establecido en el pasado que nos llevó a ello. A la hora de tratar los problemas con origen en nuestro cuerpo emocional (la mayoría de las veces) o mental, debemos actuar de dos maneras complementarias:

1. Entendiendo cuál fue el patrón erróneo que se estableció.
2. Normalizando las vibraciones alteradas por dicho acuerdo.

Es muy posible que la simple pregunta de por qué no puedes dejar de comer chocolate no te lleve a encontrar la respuesta ni el momento en el que se estableció esa dependencia, pero no importa, hay que tener paciencia e ir trabajando poco a poco.

Para localizar las causas de ese comportamiento adictivo, vamos a utilizar **iolita** o **ágata botswana**.

Colocaremos el cristal en el chakra raíz o en el lado izquierdo de la ingle y realizaremos unos quince minutos de meditación observando y sintiendo el cuerpo, pidiendo que se manifieste el sentimiento que originó esa dependencia.

No te preocupes si pasado ese tiempo no has visto ni recordado nada: cada uno necesita su tiempo para destapar esos recuerdos. Es posible que pasados unos días te acuerdes de algo que te pasó en la niñez o de un comentario que oíste sobre ti y que te dolió. Permanece atento a tus recuerdos y a tus sueños, pues es otro camino en el que suele manifestarse la voluntad del subconsciente.

Seguidamente, cogeremos un **ojo de tigre** y lo colocaremos en el chakra raíz otros quince minutos para permitir que sus energías nos anclen. Cuanto más asentada esté nuestra energía, más sensación de seguridad tendremos y menos dependeremos de cosas externas: tabaco, alcohol, chocolate…, para nuestra supervivencia.

Es recomendable llevar encima un canto que nos ayude en esta labor.

- ✔ Un canto que nos ayude a asentarnos: cuarzo ahumado, ojo de tigre, ágata.
- ✔ Un canto que tenga que ver con la adicción que pretendemos eliminar:

- Alcohol: amatista, ónix negro
- Tabaco: ágata botswana, peridoto, hematite
- Comida: epidoto

Realiza este ejercicio durante una semana como mínimo y, cuando hayas localizado el momento en el que se estableció el patrón, durante veintiún días lleva el canto que te ayuda a superar la adicción siempre contigo.

Anginas y problemas de garganta

Para tratar las anginas podéis usar **rodonita**.

La principal zona de actuación, aunque no la única, será la garganta. Notaréis los efectos a las dos horas: las anginas se reducen y dejan de doler, e incluso disminuyen las molestias al tragar.

Como se trata de liberar todo lo acumulado, lo que tenemos almacenado y nos está atacando nuestro medio de expresión, es obvio que el chakra 5 está involucrado; pero además, toda esa ira reprimida, esa tensión que nos altera, la guardamos en el chakra 1, punto que también trataremos.

Por último, al sentir ira, estamos cerrando nuestro chakra cardiaco, el chakra 4, así que tampoco podemos olvidarlo en el tratamiento.

Tumbados y en estado meditativo, colocamos tres rodonitas, una en el chakra 1, otra en el chakra corazón y la tercera en la garganta. Mantendremos los cristales en estas posiciones durante treinta minutos.

Libera todas las imágenes o sensaciones que te lleguen. Envuélvelas en una nube de color rosa-negro, el color de este cristal, y permite que se liberen. No hace falta entender, solo liberar.

Si tenéis algún colgante de rodonita, ponéoslo: os ayudará a permanecer envueltos en la vibración del cristal todo el día. También podéis llevar el canto en el bolsillo.

Realizad el ejercicio las veces que lo necesitéis. Cuanto más trabajéis sobre un punto, menos energía retenida contendrá, mayor luz obtendréis y mejor se encontrará vuestro cuerpo físico.

El cuerpo físico es el último eslabón de la cadena y donde «vemos» aquello que tenemos atascado en forma de dolencia, enfermedad o situación dura o traumática que nos toca vivir.

Cuando adquirimos conciencia de esa comunicación, cuando escuchamos lo que nuestro cuerpo nos está diciendo, podemos tomar cartas en el asunto, es decir, trabajar sobre ese conflicto para entenderlo, comprenderlo, aceptarlo y liberarlo.

Una emoción que no queremos sentir crea un bloqueo en nuestro cuerpo emocional. Esto se manifestará en nuestra segunda capa del aura. Esta capa, que normalmente es líquida, se volverá más espesa. La energía dejará de fluir libremente y podrá bloquearse en el punto de tensión que estemos teniendo.

 Por ejemplo, si me siento mal porque tengo que seguir las órdenes de alguien y esto me hace tremendamente infeliz, pero no encuentro la valentía para enfrentarme, mi cuerpo comenzará a resentirse. Primero quizá aparezca un ligero picor de garganta (no expreso). Si continúo sin expresar mi verdad, la dolencia puede empeorar llegando a producirse afonía, ronquera, anginas, placas... Además, si el conflicto tiene relación con tu sustento económico (por ejemplo, cuando el que ejerce el poder es tu jefe), puedes empezar a sufrir dolor físico en la zona del chakra 1, el chakra relacionado con el dinero y con la supervivencia económica; ciática, lumbago, un tirón muscular... Tu cuerpo se resiste a moverse, pues no le hace feliz seguir por ese camino.

Es tu turno...

Ejercicios prácticos de la unidad

1. Realiza al menos otras dos secuencias completas para liberar formas de pensamiento negativas centradas en los tres puntos: familia, condicionantes externos y vidas pasadas.

2. Elige un cristal de tu colección que no hayas usado en el ejercicio anterior y colócalo en el chakra raíz. Realiza el ejercicio de respirar el color del cristal por el chakra y observa tu cuerpo. Realiza el ejercicio durante siete días. Al finalizar, contesta las siguientes preguntas: ¿Qué has sentido? ¿Para qué recomendarías el uso de este cristal? ¿Lo combinarías con algún otro?

3. ¿Qué cristales utilizarías para tratar un tema de hemorroides? Desarrolla tu respuesta.

4. ¿Qué cristales usarías para tratar una vivencia relacionada con vergüenza? Desarrolla tu respuesta.

Puedes enviar tus ejercicios a cristalesychakras@gmail.com para recibir comentarios sobre ellos.

Meditación

Meditación chakra raíz

Cerramos los ojos y realizamos varias respiraciones profundas. Sentimos con cada respiración que vamos liberando tensiones, vamos liberando las preocupaciones y despejando la mente, simplemente centrando nuestra atención en la respiración.

Nuestro entorno va cambiando. Se vuelve árido, con tierra rojiza. Grandes extensiones de tierra se muestran a nuestro alrededor, y a lo lejos vemos una hoguera rodeada de gente. Nos llega el sonido de los tambores, tambores chamánicos y cánticos que resuenan fuertemente en nuestras entrañas, y sentimos un tirón que nos ata a la tierra.

Nos recibe la matriarca de la tribu. Mujer sabia y canosa, ataviada con sus mejores galas y cintas en el pelo recogido en trenzas. De su cuello penden varios accesorios: una bolsita de hierbas aromáticas, una punta de cuarzo, un collar con plumas…

Nos invitan a participar en su danza. Las mujeres sabias llevan tambores chamánicos. Hay cuatro líneas jerárquicas que pueden acceder a la condición de mujer medicina de la tribu. Estas mujeres tienen grandes dones, utilizan sus manos y la sabiduría de sus ancestros para sanar con la tierra, con las hierbas, con los cristales, con el sonido…

Nos sentamos en el suelo alrededor de un fuego central. La matriarca se dispone a entonar un canto acompañado por su tambor. Se dirige a los cuatro punto cardinales y llama a los cuatro elementos, aire, fuego, tierra y agua, y luego, mirando al fuego, invoca al cristal etérico que sobrevuela nuestras cabezas.

Con el sonido agudo y profundo de su tambor, vemos cómo nos crecen raíces que se hunden en la tierra y que van buscando el centro energético de esta. Más tambores se incorporan a este canto, las mujeres sabias de la tribu se unen a él también. La conexión aumenta, al visualizar cómo comienza a subir por esas raíces la energía de la madre tierra, que llega hasta nosotros, hasta nuestro chakra primero, como un abrazo cálido y fuertemente energizante. Nos sentimos fuertemente unidos a la tierra, como si nos estuviéramos fundiendo con ella.

Por último, las debutantes recién iniciadas en su maestría pueden tocar con las veteranas. Estas abren sus brazos y les hacen sitio en el círculo mágico, cediéndoles un lugar y tocando juntas en su interior. Así, la nueva sabia se regenera. Varias generaciones de mujeres juntas, honrando a sus ancestros y en profunda conexión con los elementos y fuerzas de la naturaleza.

Es momento de que el resto de la tribu participe en la danza. Poco a poco, nos ponemos en pie y comenzamos a bailar alrededor del fuego. El sonido es hipnótico y nos encontramos exultantes de energía, con una fuerza que crece desde nuestro interior y se va extendiendo a todo nuestro cuerpo, llegando a nuestro plexo solar y a nuestro corazón, que se expande enormemente permitiéndonos sentir amor incondicional y profunda conexión con todo lo que nos rodea. Experimentamos la sensación de que todos estamos en conexión, que todos somos uno.

Cierra los ojos, déjate invadir por esta vibración y únete a esta danza. Ven y ocupa tu lugar…

Chakra segundo 12

1. Relacionado con...

El cuerpo emocional y la segunda capa del aura, la capa de las emociones. La apariencia es líquida cuando los sentimientos fluyen libremente y de aspecto gelatinoso cuando hay energía estancada y sentimientos bloqueados.

De color naranja.

El color naranja simboliza la energía que se renueva, el optimismo, la creatividad, la estimulación, la alegría, la espontaneidad, la sensualidad, la armonía, el equilibrio y la justicia.

Situado dos dedos bajo el ombligo y con representación en la parte delantera y posterior del cuerpo.

Rige la creatividad, la fertilidad y la aceptación de uno mismo como ser sexual.

Cuando está equilibrado, notamos: creatividad, fertilidad, expresión del ser sexual y facilidad para la manifestación de las emociones sin contenerlas.

Cuando no está equilibrado, la creatividad está estancada, hay una imposibilidad de manifestar nuestros sentimientos, la sexualidad está mal entendida, no hay realización del Ser.

Cuando se contienen las emociones, se sufre por dentro y se llega a un estado y un sentimiento de soledad.

Es en este chakra donde trataremos todo lo relativo a memorias femeninas de desvalorización, tanto propias como derivadas del árbol genealógico.

La represión, la desvalorización, el descrédito, las humillaciones, las vejaciones, las violaciones…, todos esos hechos siguen en el subconsciente y llaman nuestra atención a través de sueños o enfermedades, buscando salir a la luz.

En cuanto a la creatividad, no debe ser entendida como la capacidad de ser más o menos artísticos o mañosos con unas herramientas u otras, sino al potencial como alma creadora que eres.

Somos seres creadores. En nosotros nace una fuerza que riega todo nuestro cuerpo, llamada líbido. La energía líbido no tiene que ver con el mayor o menor deseo sexual, sino con la expresión de tu Ser, con utilizar tus dones, esos que te hacen único y que decidiste venir a encarnar en este tiempo para poner al servicio de los demás.

Cuando te encuentras conectado contigo, con tu propia naturaleza, esa fuerza se despliega por todo tu cuerpo y te lleva a conseguir lo que deseas. Te sientes feliz, pletórico, realizado. Cada día es un regalo maravilloso en el que te guía tu interior.

Cuando estamos alejados de nuestra verdadera naturaleza, de nuestra esencia, esa energía se va apagando, consumiendo. Con frecuencia solo limitada al acto sexual, pero desprovista de la fuerza y el poder de crear tu realidad.

Tienes una vida que no te hace feliz, que no despierta en ti ninguna pasión, ninguna emoción. El trabajo es una carga, se vive agobiado con deudas, con tensiones…, una vida de espectador. Sobrevives viendo pasar tus días.

Emoción-creación-poder se unen en este chakra.

El bloqueo de alguno de ellos hará que se incida sobre los órganos que riega este chakra.

Principalmente se ve afectado el colon cuando «hemos tragado en exceso aquello que no soportamos, y no conseguimos liberarlo». Es un dolor constante, una situación que nos amarga, que nos supera, y nos sentimos impotentes a la hora de actuar. Bien sea por seguir perteneciendo al árbol familiar o por nuestro miedo a soltar. Preferimos ser prisioneros que lanzarnos a buscar nuestra libertad.

También cuando nos sentimos infravalorados, no lo suficientemente buenos para alguien, pueden aparecer molestias en el colon o miomas uterinos si nos desvalorizan como mujer.

Si experimentamos miedo a expresar nuestro talento creativo, nuestra verdadera naturaleza, toda esa energía contenida se va acumulando en la zona de la cadera en forma de grasa o bien desarrollamos alguna dolencia que limita o coarta nuestro avance, dificultando nuestro movimiento.

2. Test sobre el estado de tu chakra segundo

Contesta sí o no a las siguientes preguntas.

Después, consulta los resultados en la página 289. Para complementarlo, puedes hacer uso del péndulo y comprobar la amplitud y sentido de giro.

Estará abierto cuando gire en sentido horario y tenga gran amplitud, sin llegar a ser excesiva y estar el péndulo casi horizontal.

Estará cerrado cuando gire en sentido antihorario y/o la amplitud sea muy pequeña o excesivamente grande.

PREGUNTAS	Sí/No	Puntuación
¿Consideras que tienes una vida sexual sana y plena?		
¿Tienes ilusión por realizar alguna de tus actividades diarias?		
¿Sabrías cuál es tu pasión?		
¿Dificultad o molestias durante la relación sexual?		
¿Eres de los que consigue aquello que se propone?		
¿Tienes un trabajo tedioso que no te motiva en absoluto?		
¿Poco impulso o desinterés por el sexo?		
¿Gran necesidad de relaciones, pero sin compromiso con una pareja?		

Resultados:

— 4 puntos: chakra abierto
— De 0 a 4 puntos: parcialmente abierto
— 0 puntos: cerrado

Si has contestado que sí a alguna de las dos últimas preguntas, ello puede estar indicando que tu chakra segundo delantero está cerrado y el posterior, abierto.

3. Cristales chakra segundo (cristales naranjas)

- Cornalina (muy recomendada): energiza y protege de energías negativas
- Jaspe: nutridor, energizador, fuerza
- Ágata: asentamiento, manifestación
- Ágata de fuego: asentamiento, manifestación, escudo frente a ira de los demás, de mala energía
- Piedra luna: equilibra la capa emocional. Muy influenciable del estado de la luna
- Selenita melocotón: equilibra emociones. En especial recomendado para trastornos menstruales
- Calcita naranja: equilibra, relaja, relaciones sociales
- Ojo de tigre: aterriza, manifestación, protección de energías negativas

Coge ahora los cristales de tu colección de color naranja y aquellos que tengan relación con este chakra, como la piedra luna, la selenita, la rodonita, y experimenta con ellos a través de la meditación para observar cómo recibe tu cuerpo estas energías.

Recuerda que cuanto más practiques, más fácil te resultará conectar con tus cristales.

Antes de comenzar, los cristales tienen que estar limpios, activados y programados.

En cuanto a ti, búscate un momento y un lugar en que puedas estar tranquilo y concédete este tiempo para experimentar y disfrutar.

Vamos a dejar que nuestros cristales se presenten y nos cuenten para qué han llegado a nosotros.

Completa la ficha con los cristales de tu colección.

4. Órganos relacionados

Chakra 2 (dos dedos bajo el ombligo):

- equilibra hígado
- canales urinarios
- útero
- muslos y brazos
- matriz
- genitales
- esperma
- vejiga
- sistema circulatorio
- riñones
- próstata y ovarios

NOMBRE:
Fecha:
Posición del cristal:
Sensaciones físicas:
Sensaciones mentales:
Sensaciones emocionales:
Otras observaciones:

FICHA DEL CRISTAL

NOMBRE:
Chakra dominante:
Órganos sobre los que trabaja:
Cuerpos en los que trabaja:

Además de saber sobre qué chakra tienes que actuar para equilibrar una dolencia en alguno de estos órganos, te servirá también en sentido contrario. Es decir, si desarrollo un dolor o una enfermedad en alguno de estos órganos, es que mi cuerpo me está hablando y me está diciendo que el chakra segundo no está en equilibrio.

A través de la meditación y buceando en nuestro interior, podemos localizar el origen de la dolencia. Cuando identificamos este punto de tensión, lo aceptamos, damos las gracias por el mensaje y enseñanza que contiene y lo liberamos. Recuerda siempre estar conectado a tierra para liberar todas las tensiones por tu cordón.

5. Ejercicios con cristales y chakra segundo

Equilibrar segundo chakra

Como siempre, realizamos varias respiraciones profundas y vamos dejando la mente en blanco, centrando nuestra atención en el segundo chakra.

Nos conectamos a tierra. Dejamos que se manifieste el color del cordón o, si nos apetece, probaremos con el color naranja.

Notamos la unión con el centro de la Tierra y sentimos cómo llega a nuestro chakra 2 (mujeres) y a nuestro chakra 1 (hombres) esa energía cálida, energizante y vibrante. Vamos notando cómo nuestro chakra cada vez está más luminoso, más potente.

Elegimos un cristal naranja de nuestra colección y lo colocamos en el segundo chakra. Su energía nos ayudará a limpiar y equilibrar las emociones contenidas.

Visualizamos ahora nuestra segunda capa del aura y su conexión con el chakra 2. Hacemos que fluya en sentido horario, de forma que seamos capaces de ver una espiral líquida rodeando nuestro cuerpo. Lentamente.

EQUILIBRAR EMOCIONES

Equilibrar chakra segundo: ....
....
....
....
....
....
....
....
....
....
....
....
....
....
....
....
....
....
....

Si está un poco espesa y gelatinosa, la vamos aligerando, para volverla líquida y transparente.

Los sentimientos que nos puedan llegar, los enviamos a tierra a través del cordón de conexión. Nos limitamos a observarlos y a liberarlos.

Si te llega alguna escena que sea especialmente emotiva para ti, contémplala y deja que fluya por el cordón. Permítete sentir esa situación, pero no entres a juzgar la escena. No te detengas a pensar: «porque mira Fulanita lo que me dijo…, y yo, claro, no tuve más remedio que decirle…». Observa sin juicio.

Lo que pasó fue lo único que podía haber pasado. Es la situación que tú necesitabas vivir para experimentar aquello que te propusiste.

Ahora libera esa energía. Déjala ir.

Permanecemos en esta posición el tiempo que necesitemos, hasta que veamos que la capa segunda es líquida y transparente y nos encontremos calmados y en paz con nosotros mismos.

Completa la ficha con el nombre de tu cristal y con la experiencia que has vivido. En un futuro te ayudará a saber qué cristal usar para equilibrarte emocionalmente.

Equilibrar lado masculino-femenino

Equilibrar nuestro lado masculino con el femenino es equilibrar nuestra energía yin y yang, nuestro hacer y nuestro sentir, nuestro lado activo con el pasivo.

Cuando somos demasiado condescendientes o agresivos con los demás, estamos manifestando que no estamos en equilibrio. Hay una fuerza que domina sobre la otra.

Nos conectamos a tierra eligiendo el color del cordón que queramos o el primero que nos venga a la mente.

Respiramos lentamente y nos vamos relajando.

Visualizamos cómo nuestra capa segunda fluye con libertad y nos sentimos relajados y tranquilos.

Centramos la atención en el chakra segundo y vamos a visualizar dos serpientes; una blanca en el lado derecho y una negra en el lado izquierdo. Lentamente, hacemos ascender las serpientes hasta el sexto chakra, donde se mirarán cara a cara. El baile de las serpientes será armónico y acompasado. Se irán entrelazando cuando pasen por los chakras de la columna.

Realizaremos el ascenso de las serpientes varias veces, hasta que sintamos que el movimiento es armónico y equilibrado. Si en algún caso, alguna se adelanta, se atrasa, esquivar a un chakra, se niega a cruzarse…, anotaremos mentalmente este hecho y en el chakra en el que se produce, para posteriormente meditar y trabajar sobre ello.

Cuando sintamos nuestras dos partes equilibradas, haremos bajar lentamente las serpientes hasta el chakra 2.

Anota tus impresiones y vivencias durante el ejercicio.

Si tus serpientes no han tenido un comportamiento como el descrito en el ejercicio, usa tus cristales para equilibrarlas. Utiliza una piedra luna en el lado izquierdo y una labradorita para el lado derecho.

Colócate los cristales uno a cada lado del chakra segundo o encima de la zona de los ovarios.

Recuerda que los cristales han de estar limpios, programados y activados antes de realizar el ejercicio.

Respira profundamente y permanece en esa posición con los cristales colocados durante al menos veinte minutos.

Después de este tiempo, vuelve a realizar el ejercicio de hacer ascender las serpientes hasta el sexto chakra.

¿Has observado alguna diferencia? ¿Cómo te has sentido?

Anota todas tus impresiones en el cuaderno de trabajo diferenciando lo ocurrido cuando usaste los cristales y cuando no lo hiciste.

Puedes realizar este ejercicio tantas veces como quieras.

EQUILIBRAR LADO MASCULINO-FEMENINO

Sin cristales: ....

....

....

....

....

....

....

....

....

....

Con cristales: ....

....

....

....

....

....

....

....

....

....

Activación de energía creativa-líbido

Como hemos comentado, la líbido no se refiere solo a la energía sexual, sino que engloba la energía creativa del Ser, de su manifestación y de su expresión como Ser sexual. Cuando nuestra líbido recorre el cuerpo, nos sentimos poderosos, sentimos una energía vibrante que nos recorre el cuerpo y que nos da la fuerza para manifestar nuestros deseos.

Para comenzar el ejercicio, nos conectamos a tierra eligiendo el color del cordón que queramos.

En esta ocasión, vamos a utilizar un **granate** o **shiva ligam** en el chakra 2, pues estos cristales activan y movilizan la energía kundalini, la energía creadora del Ser, que vamos a extender por todo el cuerpo.

Visualizamos nuestro chakra 2.

Comenzamos viéndolo de un color naranja vibrante y poco a poco lo vamos a ir tornando del color de la sangre, rojo vibrante, y sentiremos su calidez y su energía.

A través de la música del tambor chamánico o de nuestra propia visualización, vamos a sentir cómo nos va llegando la energía de la Tierra y cómo con cada pulso esa energía roja y vibrante se va activando y extendiendo por todas las partes de nuestro cuerpo.

Desde nuestro segundo chakra elevamos esa energía hasta el plexo solar. Iluminamos nuestro centro, nuestro Sol, con esta energía cálida y notamos cómo se expande y agudiza su color.

De ahí, elevamos la energía hasta el chakra cardiaco. Dejamos que nuestro corazón se expanda. Manifestamos nuestro deseo de abrirnos al amor incondicional como seres de amor que somos. Nos sentimos rebosantes de amor a nosotros mismos y al prójimo.

Continuamos nuestro camino hasta el chakra garganta. La energía llega como un bálsamo que calma asperezas, durezas, críticas, gritos…, se muestra sutil, delicada, dulce… Dejamos que toda esta energía riegue nuestro centro comunicador. Nos sentimos alineados con nuestro mensaje, con nuestra verdad.

Desde ahí, subimos esta cálida energía hasta nuestro sexto chakra, nuestro entrecejo. Sentimos cómo se ilumina una luz interior. A pesar de nuestros ojos cerrados, podemos percibir luz. Nuestra intuición se agudiza, nuestra visión de lo etérico e invisible se hace palpable. Se nos abre la puerta a nuevas realidades.

Bajamos ahora esa energía por la parte delantera del cuerpo y, al llegar al chakra primero, otra vez comenzamos el camino de ascensión.

Tras haber hecho tres recorridos completos, tu cuerpo se encontrará lleno de energía y necesitará expansión y movimiento para poner en circulación toda esa energía canalizada.

Escucha tu música favorita, preferiblemente piezas instrumentales y con tambores chamánicos, pues nos conectan muy bien con la energía de la tierra.

Colócate de pie y descalzo y disponte a bailar. Mueve tu cuerpo al ritmo de la música.

Sentimos nuestro cuerpo vibrante, sentimos una energía desbordante y movemos nuestro cuerpo. Toda esta energía que hemos generado la extendemos, la asimilamos, la trasformamos en calor, en pasión, en movimiento, en libertad… ¡Deja expresarse a tu cuerpo!; ¡baila sin reparos!; ¡mueve esa energía creadora y que llegue a todas tus células!; ¡riégalas con esta energía energizante y poderosa!

ACTIVACIÓN DE ENERGÍA LÍBIDO

Cristal elegido: ....

Recuperar nuestra energía sexual perdida

Cuando compartimos nuestra energía sexual con otra persona, estamos intercambiando unos lazos con ella de chakra a chakra. Estos lazos siguen activos, si no los retiramos, y, a través de ellos, podemos estar perdiendo energía, permaneciendo unidos a esa persona y a sus eventuales relaciones.

Para recuperar nuestra energía, vamos a visualizar el chakra 2 y cómo salen unos hilos de luz que nos unen a los compañeros que hemos podido tener o a personas hacia las que nos hemos sentido fuertemente atraídos sexualmente. No vamos a forzar, vamos a visualizar el chakra y los hilos.

Para este ejercicio, usaremos un **granate** o un **shiva ligam**.

Cogemos un hilo y visualizaremos a quién pertenece. Si queremos retirarlo, damos un pequeño tirón de modo que el hilo se desconecta de la otra persona. Lo enrollamos en nuestro granate o shiva ligam y, cuando esté cerca de nosotros, lo estallaremos en luz.

Antes de explotarlo, agradecemos a la otra persona la experiencia vivida, pues eso nos ha hecho crecer y experimentar lo que nuestra alma necesitaba, que ahora ya no precisamos.

Realizamos este ejercicio con todos los lazos que queramos romper y así recuperamos nuestra energía, nos hacemos responsables de ella nuevamente. Sé muy consciente de con quién compartes tu energía.

Cuando finalices, permanece un tiempo equilibrando nuevamente tu chakra 2. Si se ha destapado alguna emoción o algún sentimiento de dolor, déjalos fluir y envíalos a tierra. Continúa con el ejercicio hasta que te encuentres en equilibrio, sereno y feliz.

Si sientes que algo queda retenido porque te duele, haz girar tu segunda capa del aura en sentido horario. Esto te ayudará a liberar las emociones contenidas. No retengas, no analices, no juzgues; limítate a sentir y dejar fluir, libérate de esos sentimientos.

RECUPERAR TU ENERGÍA SEXUAL

Cristal elegido: ....

Limpieza de la capa emocional

Hemos comentado cómo a veces podemos sentir que, al estar junto a ciertas personas, nuestra energía decae o nos invade una sensación de malestar, decaimiento... Podemos estar sufriendo una pérdida de energía.

Los ganchos en el aura se pueden liberar a través de la acción sobre el bazo.

Colocamos la **cornalina** como a una cuarta de la axila izquierda y, desde ahí, trazamos un triángulo rectángulo, con el ángulo recto paralelo al torso. Realizamos la triangulación y dejamos el cristal en esa posición durante veinte o treinta minutos.

Vamos a actuar sobre cualquier imagen de una persona o una situación cotidiana en la que te están robando energía.

Expresamos nuestra intención de liberarnos de «estos ganchos» y de hacernos responsables de nuestra energía. Aunque diga que te roban energía, en realidad tú has dado permiso, consciente o inconscientemente, para que ocurra.

Tú y solo tú eres el responsable de todo lo que te pasa. Tú creas con tus pensamientos y con tus sentimientos.

Así pues, manifiesto mi intención de recuperar toda la energía que ha sido intercambiada de esta forma.

A la energía liberada le ofreceremos luz para enviarla nuevamente al Universo y restableceremos el equilibrio.

Los desintegradores de selenita son muy adecuados para este trabajo, pues desenganchan y limpian el aura de energía negativas. Solo tienes que pasarlos a unos 10 cm del cuerpo y dar varias pasadas. Visualiza cómo estas energías quedan adosadas a la selenita.

Equilibrio chakra 2-hígado-bazo

El hígado es nuestro depurador de energía negativa, de ira, de rabia…, y está relacionado con el bazo y con el chakra 2.

Podemos realizar el siguiente ejercicio con personas que tengan brotes de ira, colesterol, hipertensión o sientan que tienen mucha rabia en el cuerpo y no sean capaces de librarse de ella.

Colocaremos un cristal en el segundo chakra, otro en el hígado y otro en el bazo. Partiendo desde el chakra 2, vamos a trazar una triangulación sencilla para unir energéticamente estos tres puntos. Realizamos la triangulación tres veces siempre partiendo desde el chakra 2.

Con este ejercicio, equilibramos los órganos implicados.

A través de la conexión a tierra, la energía circulante debe ser descargada. Si presentimos que la energía no se está derivando a tierra, sino que está todo el rato circulando, usaremos un cristal verde y lo colocaremos en el centro del triángulo, permitiendo que el cristal verde lo absorba todo.

Podemos usar un ágata verde o una aventurina verde.

Recuperaremos la fuerza vital de nuestro cuerpo

Nuestro cuerpo dispone de un «botón de carga» para recuperar la energía y la fuerza. Este «botón» es nuestro dantiem y se localiza en el chakra 2.

Para recargar las pilas, puedes hacer el ejercicio que te propongo. El cristal a usar podría ser el **jaspe rojo** (nutridor por excelencia), una cornalina o cualquier otro naranja.

Coloca el cristal en tu chakra 2 y déjala actuar veinte minutos.

Si ves que con eso no es suficiente o que tu actividad esos días es muy superior a lo normal y sientes que no puedes con todo, prioriza en tus funciones, no quieras abarcar más de lo que tu cuerpo puede soportar; luego puedes usar el cristal durante toda la noche, colocado en el dantiem, y te levantarás como nuevo.

Es tu turno...

Ejercicios prácticos de la unidad

1. Realiza el ejercicio para equilibrar tu lado masculino y femenino. Incorpora una piedra luna en el lado izquierdo y una labradorita en el lado derecho. Realiza una meditación profunda y observa cómo de equilibradas se encuentran tus energías.

2. Imagina una persona con inapetencia sexual. Comenta los ejercicios que realizarías y con qué minerales. Justifica tu respuesta. Comenta el efecto que se produciría a todos los niveles: físico, emocional-mental y espiritual, si fuera el caso.

3. Estamos ante un persona que siente el ataque de ira de otro y se encuentra mal, decaída y a veces tremendamente irascible. Comenta qué acción realizarías sobre ella. Justifica tu respuesta.

Puedes enviar tus respuestas a cristalesychakras@gmail.com para recibir un comentario sobre ellas.

Meditación

Todos en esta vida, independientemente de que seamos hombres o mujeres, hemos encarnado durante mucho tiempo en las dos formas. A lo largo de todo este proceso, hemos experimentado en primera persona la caída de la sociedad matriarcal ante otra patriarcal en la que la mujer ha sufrido humillaciones, violaciones y vejaciones durante muchos siglos.

En esta nueva era la energía femenina debe resurgir y colocarse en el nivel que le corresponde. Junto al hombre. Ni por encima ni por debajo, pues ambas son igual de importantes y complementarias. La mujer tiene que volver a conectar con esa parte de divinidad que vive en ella, donde se une a la fuerza creadora del Universo y donde la muestra al mundo como parte del todo que forma.

No se trata de juzgar tiempos pasados. Ni de que los que ahora han encarnado como hombres se sientan culpables. Aquí no hay culpables. Hay seres maravillosos de Luz que han querido experimentar situaciones y emociones para sentir en todo ello la conexión con Dios. Algunas experiencias han sido especialmente dolorosas y, como seres puros de Luz que solo conocían el amor, se ha vuelto una herida tan grande que tarda muchas vidas en ser comprendida, perdonada e integrada.

Nos centramos en nuestro segundo chakra, el chakra sexual. Nos conectamos fuertemente a tierra y realizamos varias respiraciones para centrar nuestra atención en ese punto. ¿Cómo lo sentimos? ¿Sentimos que se expande o por el contrario notamos la zona contraída y en tensión?

Cogemos el extremo de **cuarzo ahumado** y apuntamos hacia el chakra. Recuerda: dos dedos por debajo del ombligo.

Vamos a respirar este aire ahumado y vamos a visualizar cómo penetra en la flor de nuestro segundo chakra y cómo la va limpiando.

El aire que espiramos está más oscuro. Realiza la respiración lentamente, tómate tiempo para limpiar cada pétalo. Hazlo desde el respeto, la comprensión y el amor. Enfoca todo tu amor en esta flor mientras realizas la limpieza. Nota cómo no es solo tu memoria la que limpias, también la de tus ancestros. Sentimos amor y respeto por este momento.

El tiempo del ejercicio es el que necesitéis. Es posible que se libere gran cantidad de energía contenida, de dolor en forma de llanto, de opresión en el pecho. Si es así y sientes que tienes que parar, coloca un cuarzo rosa o una rodonita en tu corazón y permite que salga toda esa energía contenida.

Liberar la energía es necesario para que fluya correctamente. Tan solo siéntela y déjala ir. No se trata de analizar los porqués, ni cuándo ni cómo, solo de liberar lo que está ahí retenido y que no pudo ser liberado en su momento.

Si el ejercicio ha sido intenso, recuerda la integración de veintiún días después de realizarlo.

Concédete el tiempo que necesites para asimilar esta nuestra vibración. Puedes acompañarte del cuarzo rosa o de la rodonita mientras haces el ejercicio, te reconfortará y poco a poco dejará de ser tan doloroso. Una vez que devuelvas luz a esa parte de ti, comprobarás cómo el cambio se deja sentir también en lo externo y en lo físico, pues todo es manifestación de nuestro interior.

Chakra tercero 13

1. Relacionado con...

El cuerpo mental. De color amarillo.

Situado por encima del ombligo, sobre el estómago. Es nuestro centro emocional, nuestro corazón social, nuestro Sol, donde se manifiestan nuestras relaciones sociales.

Envía energía a nuestro sistema nervioso vegetativo, al bazo, la vesícula biliar, las glándulas suprarrenales y los músculos.

Relación activa con todo lo que nos rodea del mundo físico. Desde él se gobierna nuestra energía emocional, la ira, la alegría, la simpatía, la antipatía, nuestra capacidad para establecer vínculos emocionales. Se asienta nuestra personalidad, la fuerza personal, las aspiraciones, el rendimiento, la voluntad y el poder.

Relacionado con la tercera capa del aura, la capa mental.

Es a través de las formas de pensamiento, de mis patrones mentales, como condiciono la acción, estado y evolución de los órganos situados en el plexo solar.

Todos estos condicionantes me van a influir en la manera en la que me percibo y en cómo me expreso ante los demás. Cómo reacciono cuando me siento apoyado y escuchado y cómo cuando me llevan la contraria, «restándome» valor.

Recuerda que tú decides a quién entregas tu poder, si permanece en ti o se lo das a otro y te sometes a su criterio.

Además, esta capa es la de las relaciones sociales. Cada vez que establecemos relación con alguien, un lazo de luz se une entre esa persona y nosotros. El mantener relaciones saludables y no tóxicas será fundamental para preservar nuestra energía y nuestro chakra en óptimo estado.

La línea de Hara atraviesa el cuerpo físico y une los chakras de esta línea con los del cuerpo físico. En el plexo solar coinciden estos dos centros. De ahí que este chakra tenga tanta relación y manifestación con nuestra Esencia Divina, con nuestro verdadero Yo. Cuanto más alineados estén ambos centros, mejor nos vamos a sentir y mayor será el grado de certeza de que estamos viviendo nuestro plan de vida divino.

2. Test sobre el estado de tu chakra tercero

Contesta sí o no a las siguientes preguntas.

Después, consulta los resultados en la página 289. Para complementarlo, puedes hacer uso del péndulo y comprobar la amplitud y sentido de giro.

Estará abierto cuando gire en sentido horario y tenga gran amplitud, sin llegar a ser excesiva y estar el péndulo casi horizontal.

Estará cerrado cuando gire en sentido antihorario y/o la amplitud sea muy pequeña o excesivamente grande.

PREGUNTAS	Sí/No	Puntuación
Mi vida emocional es plena y satisfactoria		
Bloqueo mis emociones para evitar que me hagan daño		
Me acepto tal cual soy		
Me critico a mí mismo. Uso «debería haber dicho, hecho...»		
No soy una persona de acción		
Me gusta tener todo bajo control		
Acepto a los demás como son		
Tengo gran autoestima		
Soy autoritario		
Tengo miedo a destacar		
Mi estómago es liso		
Tengo exceso de peso en el abdomen		
Me siento conectado a mi plan divino		
Mis hábitos alimenticios son saludables. Cuido mi salud física y mi alimentación		
Me enfrento a lo desconocido sin miedo y con decisión		
Me consideran «frío o calculador»		
Necesito comer *chuches* o tomar bebidas estimulantes para captar energía		
Busco el reconocimiento en los demás		

Resultados:

— 8 puntos: chakra abierto
— De 4 a 8 puntos: parcialmente abierto
— De 0 a 4 puntos: cerrado o parcialmente cerrado

3. Cristales chakra tercero (cristales amarillos)

- Calcita amarilla
- Citrino
- Jaspe amarillo
- Jade amarillo, dorado
- Berilo
- Ágata amarilla
- Piedra sol
- Aventurina oro

Estos son algunos de los cristales más habituales que podéis encontrar en el mercado y que resuenan con el plexo solar.

Escoge un cristal de tu colección y comienza el proceso de comunicación con él para saber por qué ha llegado a tu vida y qué te hace sentir.

Con el cristal limpio, activado y programado, disponte a establecer comunicación con él a través de la meditación.

Colócate sentado con el cristal en las manos y mantenlas a la altura del plexo solar. Visualiza cómo una luz blanca incide sobre tu cristal y disponte a observarte.

Seguramente, después de haber realizado los ejercicios que hemos comentado, empiezas a tener la intuición de cómo percibes. Si lo sientes, si un grupo de palabras llega a tu mente sin que las hayas pensado antes, tu respiración se agita o se calma… ¿Has empezado a conocerte mejor? ¿A explorar esta parte de ti?

No la desacredites porque no se pueda «demostrar». Para muchas personas, todo lo que no se ve no existe o, en su defecto, todo lo que la ciencia no ha podido demostrar no existe.

Eres un Ser multidimensional. Permítete Ser y experimentar todo aquello que eres.

Completa la ficha para cada uno de tus cristales.

NOMBRE:
Fecha:
Posición del cristal:
Sensaciones físicas:
Sensaciones mentales:
Sensaciones emocionales:
Otras observaciones:

FICHA DEL CRISTAL

NOMBRE:
Chakra dominante:
Órganos sobre los que trabaja:
Cuerpos en los que trabaja:

4. Capa tercera del aura y tercer chakra

La tercera capa es la mental y la de las relaciones sociales.

Esta capa se fortalece con el estudio, la lectura y la ejercitación de la mente. Mantener una capa mental saludable nos va a permitir establecer una buena relación con nuestra capa emocional.

Cuando nos criticamos y nos reprochamos cosas, nos estamos «robando» a nosotros mismos energía de la segunda capa (emocional) a la tercera capa (mental).

Nuestra mente es un órgano creador muy potente. Todo lo que imagines, lo crearás.

Somos energía y nuestra energía tiene que ver mucho con la forma de pensamiento.

Los pensamientos positivos y de amor son más ligeros y contienen vibraciones más altas, por lo que nos elevamos a un nivel vibratorio mayor y, por la ley de atracción, atraemos a nosotros energías positivas.

> **«Lo semejante atrae a lo semejante».**

Recuérdalo: para bien o para mal, se cumple siempre.

En cuanto a las formas de pensamiento negativas, son más densas, se mueven más despacio y nos bajan el nivel vibratorio general del cuerpo. De igual forma, atraemos hacia nosotros energías negativas.

¿No os llama la atención que cuando a alguien le ha pasado algo «malo», al poco tiempo le pasa algo peor o tiene una racha de infortunios? Siento decir que somos nosotros mismos los que atraemos todo eso. Pero tranquilos, que todo tiene arreglo y es tan fácil como tomar conciencia de tus pensamientos y elegir los que más te benefician.

Vamos a empezar a ser conscientes de nuestros pensamientos, puesto que todo lo que pensamos, lo manifestamos. Y dirás, «sí claro, yo pido un coche en la puerta y no lo tengo». Y es que no solo hace falta pedir, sino estar preparado para recibir.

Cuando emitimos pensamientos positivos todo nuestro cuerpo vibra en ese nivel de energía y, por tanto, atraemos hacia nosotros aquello que tiene un patrón de energía similar al nuestro.

Partiendo de esto y de que recibimos todo lo que damos, es obvio que, si yo emito pensamientos positivos, recibiré frutos positivos y, si emito pensamientos negativos, recibiré cosas que no me gusten tanto.

No es fácil controlar nuestros pensamientos, ¿verdad? A veces no somos conscientes y nuestra cabecita sigue ahí run, run run…, con su tema. Pues tenemos una ayuda y son nuestros sentimientos.

Nuestros sentimientos, que además están ligados a nuestro plan interior, están relacionados con nuestros pensamientos. De modo que, si yo sigo el camino que mi alma se ha propuesto, me voy a sentir feliz, realizada, entusiasmada, pero si me alejo de ese camino, será todo lo contrario; sin ilusión, sin pasiones, dejaré pasar un día tras otro sin que ocurra nada especial.

¿Y cómo encajamos en esto nuestros pensamientos? Pues fácil, no podemos sentir una cosa mientras pensamos lo contrario. Es decir, si yo me siento feliz, en ese mismo momento es imposible que tenga pensamientos negativos de ningún tipo.

Una forma fácil de controlar nuestros pensamientos es controlando nuestras emociones, que es mucho más sencillo. En todo momento me puedo decir a mí mismo, «me siento bien, estoy feliz» y con eso consigo desterrar cualquier pensamiento negativo que pudiera tener. Pruébalo, es inmediato. Si te cuesta visualizarlo, recurre al ejemplo que más resuene contigo, eso que te arranca una sonrisa con solo pensar en ello: una playa, tu hijo, un bebé… Lo importante es que, cuando te ataque un pensamiento negativo, inmediatamente cambie tu vibración a otra más elevada para no atraer nada malo hacia ti.

¿Qué pensamos?

Etiquetas

¿Y cómo se resuelve todo esto a un nivel práctico? Para saber qué debes corregir, primero has de conocer qué es lo que estás emitiendo, ¿no?

Pues aquí viene el primer trabajo: analizar qué tipos de pensamientos tienes para ti y para los demás.

Seguro que de primeras dices que son buenos, porque nadie se desea nada malo, al menos conscientemente, pero hay una cantidad de frases hechas que llevamos oyendo toda la vida y que ya las hemos asimilado como pequeñas verdades.

Te pondré un ejemplo. Imagina una familia en la que la mayoría de sus integrantes tienen sobrepeso. Una chica adolescente se siente molesta porque le gustaría estar más delgada y alguien, para consolarla, le dice que es algo genético, que no puede hacer nada, que nunca podrá ser delgada. Esa chica recoge ese pensamiento como una verdad para ella y, por tanto, ya se encarga su hipotálamo de dar las órdenes precisas para que no sea delgada nunca, porque ella ya le ha dicho que nunca lo será.

Esto funciona con todas las etiquetas que nos han ido poniendo a lo largo de nuestra vida. ¿Te han dicho que tienes mal genio?, que ese genio es genético por parte de padre/madre. ¿Cuántas etiquetas que has aceptado y asimilado como verdades te han ido poniendo?

¿Te dices a ti mismo que hay cosas que no puedes hacer?, ¿nos ponemos limitaciones antes de empezar las cosas?, ¿quizá alguien te dijo que no serías capaz?, ¿cómo te tratas a ti mismo?, ¿te recriminas cosas?...

Ve tomando nota de todas las etiquetas y verdades consentidas, luego veremos ejercicios con cristales para reprogramarlas.

FORMAS DE PENSAMIENTO

Etiquetas: ....
....
....
....
....
....
....
....
....
....
....
....
....
....
....
....
....
....
....
....

Autocrítica

Otro punto a tratar es la autocrítica.

No debería haber dicho… No debería ser tan bocazas… Qué fea me veo hoy… Qué nariz tan grande tengo… ¿Por qué no seré yo como mi hermana/amiga que siempre está perfecta?…

Podría ponerte infinidad de ejemplos, pero toca que analices cuál es tu relación contigo mismo. ¿Te tratas con cariño y compresión, o eres exigente y autocrítico con lo que haces? Ve apuntando todo lo que te sueles reprochar y sobre qué parte de tu cuerpo recae tu crítica.

FORMAS DE PENSAMIENTO

Autocrítica: ....
....
....
....
....
....
....
....
....
....
....
....
....
....
....
....
....
....

Frases hechas

Aquí entra también la actitud derrotista ante los problemas: «es que, con lo que tengo en casa, no voy a poder tener una actitud positiva, porque la solución del problema no depende de mí».

Ten en cuenta que todo lo que dices se materializa. Así que mucho cuidado con refranes que solemos usar, canciones que no paramos de cantar y que se nos meten en la cabeza y repetimos una y otra vez: ¿qué estamos cantando? Si es positivo, genial, pero si no… vete buscando otra canción.

O peor aún, frases de desánimo para quitarte ideas a toda marcha: «Ten cuidado con lo que sueñas, no te vaya a pasar como a la lecherita del cuento…».

Cuánto daño ha hecho ese cuento. Ahí tenéis el primer cuento para niños con moraleja incluida en el que te invitaban a no crearte el sueño que tenías en la cabeza porque había que ser más realista y no tener tantos pájaros.

¡Pero es que es justo lo contrario!

¡Es la fuerza de tus pensamientos y tus deseos la que hace que las cosas lleguen a ti!

Cuanto más pienses algo, con más fuerza lo envías al Universo, y ten por seguro que volverá a ti.

Siempre tenemos cerca a alguien que, con toda su buena intención para que no suframos un desengaño, se encarga de chafarnos lo que sea con energía negativa en su proyección («ten cuidado con…, no te vaya a…»). No lo hacen con maldad, pero el mensaje que están mandando es negativo. «Basta con desearle que todo le salga como desea, ¿por qué habríamos de decirle todo lo malo y terrible que puede pasarle?, ¿en qué le ayuda eso?».

Es muy importante que cambies tu punto de vista y seas consciente de qué atraes con tus pensamientos.

Si piensas que un tema no tiene solución, segurísimo que no la tendrá, porque tampoco la buscarás. Directamente le has puesto el cartelito de SIN SOLUCIÓN, ni lo vas a intentar y, lo que es peor, estás emitiendo en una frecuencia de «sin solución», luego te llegarán más cosas que tengan esa misma vibración

Ahora dices, «vale, yo me digo a mí mismo que esto tiene solución, ¡pero mi hija/padre/madre/tía/abuela sigue haciendo lo mismo!».

Hay otra cosa que debes entender. El que tú tengas una actitud positiva hacia los problemas no quiere decir que las cosas se solucionen «a tu manera», lo que cambias es tu actitud ante ellas y por ende el tipo de «problemas» que te llegarán.

Por ejemplo, llegas a casa después de trabajar y tu pareja te pregunta qué tal te ha ido el día, y tú, con desánimo, agobio y preocupación, te pones a relatarle una serie de infortunios que has estado toda la jornada sorteando, la dificultad cada vez mayor… Todo lo que le llega a la pareja en respuesta es negativo. De hecho, el otro percibe el desánimo y el agotamiento.

El mismo hecho, pero visto desde una actitud positiva, sería contar lo que te haya sucedido desde lo afortunado e inspirado que has estado a la hora de resolver los problemas porque has caído que tal cosa se soluciona así; luego, ante el siguiente imprevisto, has reunido al equipo, los has alentado y han sacado el proyecto adelante. Y cuando otro tema amenazaba la fecha de entrega, has reorganizado al personal cambiando el turno de trabajo entre todos habéis solventado la dificultad.

Los hechos no cambian. Ha habido un problema con una entrega, con unos plazos que no se cumplían…, pero lo que sí cambia mucho es la actitud.

Con el mensaje en negativo te quedas sin fuerzas, agotado, desanimado; lo perciben en ti nada más llegar.

Con el mensaje en positivo te encuentras útil, inspirado, con la satisfacción de haber resuelto unos problemas y eso se percibe en ti, en tu actitud, en tu energía.

Cada uno somos responsables de nuestros actos, no de los de los demás. Y ante un hecho, eres libre de elegir el papel que quieres representar, si de víctima o de verdugo, si quieres ser juez o parte. Tú no tienes el poder de hacer que los demás se comporten de una determinada manera, son ellos los que eligen el papel que desempeñan. Tú eres responsable de ti mismo y tu único rango de acción recae en ti mismo. Ese es tu poder: tu energía. Hazte dueño de ella. Sé responsable de cómo la inviertes y cómo la proyectas.

FORMAS DE PENSAMIENTO

Frases hechas: ....
....
....
....
....
....
....
....
....
....
....
....
....

5. Órganos relacionados

Chakra 3 (en el estómago):

- equilibra hígado
- equilibra intestinos
- estómago
- bazo
- hígado
- rodillas y codo

Si os dais cuenta, afecta y riega a todos los órganos encargados de la digestión, de la nutrición. Por tanto, cuando metafóricamente «no trago» algo, mi chakra tercero, mi plexo solar, se verá influido. Es posible que con una molestia estomacal.

Si, por otra parte, estoy viviendo (tragando con) una situación que me enfurece profundamente, una situación que me «quema» por dentro, puedo llegar a sufrir ardores después de la digestión.

El cuerpo siempre nos habla. Solo tenemos que aprender a escucharlo.

6. Ejercicios con cristales y tercer chakra

Visualización, limpieza y dar amor a nuestros órganos internos

Todos los órganos encargados de transformar el alimento en energía están relacionados con nuestro segundo cerebro, que está en el estómago. Según percibamos las emociones y situaciones que se nos plantean, puede afectar a alguno de nuestros órganos, produciendo una anomalía en su funcionamiento.

Cuando siento ira y no soy capaz de eliminarla, se manifiesta a través del hígado y, por ende, con subida de colesterol y de tensión, aumento de triglicéridos…

Los pensamientos rígidos que nos condicionan e impiden que seamos flexibles y que fluyamos con las situaciones, se manifiestan con problemas en la vesícula (piedras, pólipos…). Son durezas, ira calcificada que no nos permite salirnos de un patrón.

Estas situaciones de inflexibilidad o ira nos llevan a sentirnos desconectados de nuestro Ser. Perdemos la alegría de vivir y nuestro nivel de azúcar en sangre se altera, pudiendo causar diabetes o alteraciones en el metabolismo. Todo esto va a influir en el bazo, que es nuestro centinela para saber si estamos alineados con nuestro ser.

En el estómago digerimos los alimentos y también las emociones. Cuando no conseguimos asimilar algo, se nos hace bola, se nos cierra el estómago, sentimos dolor o, por el contrario, intentamos llenar un hueco inexistente con comida.

Los riñones se van a encargar de filtrar las emociones, los residuos y toxinas para su eliminación. Con su gran contenido en agua, están muy relacionados con las emociones.

Los residuos y toxinas viajan por el intestino para ser desechados. Si no nos dejamos fluir, si retemos inconscientemente o por el contrario estamos desbordados por nuestras emociones, se alterará el ritmo de nuestro intestino.

Vamos a observar cómo se encuentran nuestros órganos en este momento. Les vamos a prestar la atención y el amor que se merecen.

Colocaremos los siguientes cristales sobre cada uno de los órganos:

- Hígado ☞ jaspe amarillo
- Bazo ☞ heliotropo
- Estómago ☞ calcita amarilla
- Riñones ☞ jade verde
- Intestinos ☞ cornalina

Recuerda que los cristales tienen que estar limpios, activados y programados. Busca un momento en el que puedas hacer el ejercicio sin sufrir interrupción.

Comenzamos por el hígado, lo visualizamos rodeado de luz amarilla. Con esta luz vamos a ir liberando toda la ira que acumulamos. Dejamos de enfrentarnos a nosotros mismos y aceptamos la situación que nos causa tanta ira.

Aceptación. Esa es la palabra clave. No puedes cambiar al otro, pero puedes cambiarte a ti. ¿Has pensado por qué te enfurece tanto lo que sea? Contémplalo desde fuera de la escena. ¿Qué es lo que te hace temer? ¿No ser tomado en serio? ¿Que te resten valor? ¿Que digan que no eres suficientemente valioso?...

Meditar sobre el origen de nuestros conflictos es el primer paso para trascenderlos.

Seguimos con la vesícula, junto al hígado; está también bajo la influencia del jaspe amarillo.

La vesícula trata nuestra rigidez y resentimiento. Continuamos proyectando esta luz amarilla sobre nuestra vesícula y pedimos que se aligere la tensión en nosotros, pedimos volvernos flexibles, dejarnos fluir. No controlar, fluir. Esa es la palabra clave.

Respiramos profundamente y centramos nuestra atención en el bazo. Le hemos colocado un heliotropo, verde y rojo, y son esos colores los que vamos a proyectar en él.

Nuestro bazo es nuestro centinela. Tiene influencia en nuestra alegría de vivir, en nuestro sistema inmunológico. Observación: palabra clave para ver lo alineados que estamos con la voluntad de nuestra alma.

En el estómago, la luz cálida de la calcita amarilla calmará nuestras emociones y nos ayudará a digerirlas. ¿Hay algo pendiente por digerir? ¿Tengo que «tragar» con alguna situación, persona o estado que me impide ser feliz? Asimilación como palabra clave.

Nuestro camino continúa hacia los riñones. Los llenamos de agua pura y los rodeamos del color verde del jade. Esta energía nos va a ayudar a depurar aún más las emociones retenidas. Visualiza el color verde y siente cómo trabaja. Fluye, limpia.

Los residuos son transportados al intestino. Vamos a ir pasando por todo el intestino con un gran chorro de luz naranja de nuestra cornalina. Vamos a ir limpiando las paredes de todo lo que ha podido quedar ahí retenido. Nos damos permiso para soltar y liberar todo. Liberar y soltar.

Respira profundamente y visualiza tu chakra tercero con una luz amarilla brillante, como si fuera un Sol luminoso y cálido. Siente cómo está equilibrado y cómo es capaz de procesar cualquier emoción.

Ahora te sientes fuerte para manifestar tu Yo tal y como es. Sin juicios, sin patrones, sin mandatos de otros. Simplemente como tú eres. Siente cómo aumenta la luz en ti y repite:

Yo Soy
Yo Soy
Yo Soy

Completa la ficha sobre el estado de cada órgano y el cristal que utilizaste en cada uno.

ESTADO DE CADA ÓRGANO Y CRISTAL UTILIZADO

HÍGADO: ....

....

....

VESÍCULA: ....

....

....

BAZO: ....

....

....

ESTÓMAGO: ....

....

....

RIÑONES: ....

....

....

INTESTINOS: ....

....

....

Relaciones tóxicas, rotas…

¿Has pensado alguna qué nos pasa a nivel energético cuando una relación termina?

Cuando establecemos una relación, de cualquier tipo, con otro ser, se produce un intercambio de energía entre esa persona y nosotros, a través de unos hilos de luz.

En una relación de amistad y compañerismo, esa vinculación se da entre los chakras terceros. Si hay atracción sexual, se unen igualmente los chakras primeros, y en una relación de enamoramiento, también se unen a nivel del corazón.

¿Por qué son tan dolorosas las rupturas?

Pues porque esas uniones se «rompen» literalmente. De modo que el que sufre es posible que lleve «los hilos colgando», por eso notara la ausencia, el vacío…

Para este ejercicio, puedes usar cualquiera de tus cristales amarillos, aunque el citrino, por su relación con el Sol y con la alegría de vivir, alineado con uno mismo, es muy adecuado.

Antes de empezar, el cristal estará limpio, activado y programado. Conéctate a tierra y elige un cordón dorado en esta ocasión. Respira profundamente y sube la energía de la tierra hasta tu plexo solar. Siente y visualiza un Sol radiante en tu estómago.

Observa cómo ese Sol tiene muchos hilos de luz, como rayitos, que te unen a las personas con las que te relacionas.

¿Hay algún hilo que esté suelto? Si es así, enróllalo en tu cristal acercándotelo cada vez más. Cuando esté frente a ti, transfórmalo en una bola de luz y explótalo transformado en luz. Con este ejercicio, siente cómo recuperas esa energía que estaba perdida y que nuevamente vuelve a ti.

Es posible que algún cordón no tenga un color brillante, sino negruzco… Coge ese cordón y deja que te llegue la imagen de a quién pertenece. Puede ser que la relación no sea muy equilibrada y esté mermando tu energía. Puedes retirar el cordón tirando suavemente de él y luego explótalo en luz como hemos hecho antes. Igualmente, integra esa energía de nuevo en ti.

Cada vez que vayas a explotar una bola de energía, vamos a acompañarlo con un mensaje de agradecimiento. Puedes usar la formula que quieras y sientas, te dejo esta de guía:

> *Agradezco la enseñanza aportada por esta relación*
> *y pido que sea transformada en luz*
> *y devuelta al Universo para mayor bien.*

Ahora visualiza todos tus hilos y siente cómo te unen a todas las personas que hay en tu vida: amigos, familiares, conocidos, compañeros de trabajo, vecinos…, todos ellos están en tu vida para ofrecerte una enseñanza, un aprendizaje. Agradece de corazón su labor, pues gracias a ella estás evolucionando y viviendo aquello que tu alma necesitaba experimentar para tu aprendizaje.

Visualiza tu plexo solar, cada vez más amarillo y vibrante. Siente cómo crece tu Sol central y cómo se asienta todo tu Ser.

Aumentar la alegría de vivir

Este punto guarda una relación directa con lo que hemos comentado sobre la línea de Hara y el chakra de nuestra manifestación divina.

Es ese estado de paz, armonía y amor que nos envuelve por completo y que denominamos felicidad.

Para conectar con nuestro Sol, vamos a elegir entre alguno de los cristales que resuenan con el rayo dorado: el citrino, la aventurina oro o la piedra sol.

Con el cristal limpio, vamos a programarlo para que aumente nuestra felicidad, nuestro amor y nuestra armonía.

Colocamos el cristal en el centro de la línea de Hara, donde reside nuestra alma, nuestra voluntad. Ese punto está entre el corazón y el ombligo, como en la boca del estómago.

Nos situamos en posición de meditación, tumbados o sentados, como queramos, y centramos toda nuestra atención en ese punto y en el cristal.

Visualizamos cómo una luz dorada nos va envolviendo.

Respiramos aire dorado y con cada inspiración nos sentimos más cerca de nuestra alma, de nuestra casa, del amor infinito… Espiramos y soltamos las tensiones, miedos y dudas que nos alejan de este fin.

Permanecemos en esa posición el tiempo que necesitemos, sintiendo toda esa luz dentro de nosotros.

Para potenciar aún más este ejercicio, lo vamos a realizar durante veintiún días.

Cada día vamos a anotar una palabra que nos haya inspirado el cristal en nuestro rato de meditación. Puede ser un sentimiento, puede ser una idea, puede ser una actividad… Aceptamos cualquier pensamiento que se haya podido manifestar.

Pasados los veintiún días, leeremos la lista completa. ¿Qué nos está queriendo decir nuestro centro de manifestación divina?, ¿hay algún patrón que se repita?, ¿te anima a hacer algo?

Sorprendente, ¿verdad?

Las respuestas están todas en tu interior.

DÍA 1: ....
DÍA 2: ....
DÍA 3: ....
DÍA 4: ....
DÍA 5: ....
DÍA 6: ....
DÍA 7: ....
DÍA 8: ....
DÍA 9: ....
DÍA 10: ....
DÍA 11: ....
DÍA 12: ....
DÍA 13: ....
DÍA 14: ....
DÍA 15: ....
DÍA 16: ....
DÍA 17: ....
DÍA 18: ....
DÍA 19: ....
DÍA 20: ....
DÍA 21: ....

Mejorar la digestión, gastroenteritis y otras molestias digestivas

El estómago es nuestro centro de digestión de alimentos y también de situaciones y de emociones. Cuando no digerimos algo o cuando se nos atraviesa, decimos que se nos hace bola o que tenemos un pellizco en el estómago. Eso es debido a que se ha formado un nudo con los lazos que salen de nuestro chakra y el de la otra persona.

Para apaciguar nuestro estómago, lo primero, tomar conciencia de la situación que ha originado su alteración, y llevar hasta el final lo que nos está haciendo sentir. Cuando tomemos conciencia de la situación, podremos liberar el problema.

Para equilibrar nuestro estómago, usaremos una calcita amarilla o un jaspe amarillo en el chakra 3, para armonizarlo y equilibrarlo.

Si, por el contrario, sentimos ardores en la digestión, exceso de fuego (de ira), necesitaremos un cristal agua que contrarreste ese fuego. Por ejemplo, aguamarina.

Si sufrimos de gastroenteritis, podemos usar jade sobre el riñón para ayudar en la limpieza y depuración.

Como siempre, sigue tu intuición o testa con el péndulo el cristal que es más adecuado para ti en este momento.

Pérdida de peso. Encontrar la causa

El tema del sobrepeso es complejo y no hay una cura milagrosa que te vuelva delgado en un minuto, pues sus causas pueden ser múltiples.

El cuerpo se rodea de grasa allí donde ha sufrido algún daño para que no se lo vuelvan a causar. Se protege de otra posible agresión.

Además, el asunto está relacionado muy directamente con lo que comemos y cómo lo comemos, así como con el ejercicio y cuidados que le damos a nuestro cuerpo físico, nuestra casa en la Tierra.

A la hora de plantearse una pérdida de peso, sería más adecuado enfocarlo desde el punto de vista de cómo ir recuperando salud, pues, al prestar más atención y cuidados al cuerpo, él solo irá soltando todo lo que ya no le valga, incluidos los muros que haya levantado para protegerse.

Protección frente a agresiones, daño en relaciones sociales, poco amor en los primeros años de vida… Son muchas las causas que nos pueden haber llevado a encontrar en la comida un sustituto y una compensación para esos momentos de bajón en los que de verdad necesitamos un abrazo, una caricia, una palabra de aliento y, al no hallarlos, nos fuimos a por una comida sustitutiva.

Encontrar la causa que nos lleva a comer en exceso o a comer mal sería un buen paso para comenzar.

Hay cristales que nos ayudan con nuestro cuerpo físico:

La cianita nos ayuda a eliminar el peso que ya no necesitamos.

Si hemos cogido peso, pues anteriormente no conocíamos la causa e intuimos que el sostenernos frente a algunas carencias puede ser una razón, la cianita nos ayudará a eliminar ese peso, junto con el deporte y una alimentación adecuada.

El epidoto nos indica la causa que nos hacía engordar.

A veces ese peso extra es para protegernos y aislarnos en el punto donde sufrimos ese dolor. Con este cristal podemos llegar a la causa inconsciente que lo originó, podemos conectar con ese recuerdo de nuestra alma y sacarlo a la superficie para aportar luz. Es recomendable usar conjuntamente otro cristal que resuene con la zona donde tenemos localizada el exceso de grasa. Si se trata de las caderas, estará relacionado con energías sexuales reprimidas; si es en las piernas, con nuestra voluntad de avanzar; si es en la cintura, con nuestro estómago sentimental, las relaciones con los demás…

El ágata musgosa nos ayuda a movilizar el sistema linfático.

La linfa del cuerpo, el agua, nos vuelve a remitir a las emociones. Cuando hay emociones reprimidas, el sistema linfático se ve afectado con lo que conocemos como retención de líquido. La célula dolida se rodea de agua para protegerse de la agresión, para evitar sufrir.

La vanadinita nos conduce a la aceptación de nuestro cuerpo físico.

Tienes el cuerpo que tu alma eligió para su misión en esta encarnación. Es el vehículo del alma, su instrumento, su templo. Debes honrar tu cuerpo, pues es donde mora tu alma. Aun cuando no entiendas las decisiones que le llevaron a elegir este cuerpo, acéptalo con la mayor humildad, pues es el mejor cuerpo que precisaba para hacer lo que se dispuso aprender. La vanadinita te ayudará en esa aceptación.

La mejor manera de utilizarlos es en elixir. Hay que testar qué cristales necesitamos, no solo para favorecer la pérdida de peso, sino para acompañar a las vibraciones que seguirán a esa liberación. Es muy posible que haya que complementar con otros cristales que nos reconforten, nos den fortaleza, amor, seguridad…

Sobre todo, no te agobies con ese peso extra, pues será liberado una vez que ya no sea necesario y, como mariposas, nos hayamos transformado en cuerpos más ligeros.

La secuencia de trabajo podría ser la siguiente. Dado que nuestro consciente no quiere reconocer la causa que le lleva a comer para calmar la ansiedad, el miedo o la soledad, vamos a usar el epidoto para encontrar ese motivo.

Durante siete días, meditaremos veinte minutos con nuestro cristal pidiendo que se manifieste en nosotros el origen del problema que nos llevó a la ingesta excesiva de comida. Y durante siete noches, dormiremos con el cristal bajo la almohada.

Esto reforzará el trabajo con el inconsciente que lo sabe todo y todo lo tiene bien guardadito, para que pueda aflorar a nuestro consciente.

Anota tus sueños e impresiones durante la meditación. ¿Has recordado algún episodio de tu vida?, ¿cuándo fue la primera vez que te recompensaron con comida en vez de con un abrazo?

El octavo día elige el cristal de los siguientes que te presento para trabajar la pérdida de peso.

Todos estos cristales tienen un componente químico que trabajará y tendrá influencia en tu metabolismo, en el sistema excretor del cuerpo, en la depuración de la sangre, en la liberación de toxinas…

Observa las fotografías y escoge el cristal que más llame tu atención.

Colócate el cristal en el abdomen. Puedes sujetarlo con esparadrapo, pues se trata de estar en contacto con él durante veintiún días.

Observa tu cuerpo físico a lo largo de este tiempo. Durante los tres primeros días, el cuerpo se acostumbra a la vibración del cristal y notarás los efectos más acusadamente.

Anota en tu cuaderno de trabajo las impresiones siempre referidas al cuerpo físico, mental y emocional.

DÍA 1: ....
DÍA 2: ....
DÍA 3: ....
DÍA 4: ....
DÍA 5: ....
DÍA 6: ....
DÍA 7: ....
DÍA 8: ....
DÍA 9: ....
DÍA 10: ....
DÍA 11: ....
DÍA 12: ....
DÍA 13: ....
DÍA 14: ....
DÍA 15: ....
DÍA 16: ....
DÍA 17: ....
DÍA 18: ....
DÍA 19: ....
DÍA 20: ....
DÍA 21: ....

Cómo dar la vuelta a las etiquetas, autocríticas y frases que hemos admitido como verdaderas

Este es un tema complejo y no porque sea difícil, sino porque afecta a varios chakras y a varios cuerpos al mismo tiempo. Tu cuerpo no es lineal, es multidimensional. Para tratar las dolencias y manifestaciones en el cuerpo físico, hemos tratar al cuerpo en su conjunto y no de forma aislada.

Una palabra no expresada, una emoción retenida, una situación no entendida…, el origen puede ser único o la suma de varias circunstancias similares. Normalmente sucede que el alma tiene «una tarea» por aprender y se va manifestando en tu vida a lo largo de situaciones. Si «aprendes» rápido, la lección queda aprendida y deja de manifestarse. Si no aprendes lo que tu alma quiere, volverá a manifestarse una situación similar, y esta vez será algo más dura, para forzarte un poco más a reaccionar. Si vuelves a reaccionar igual, volverás a repetir la experiencia. Así hasta que la lección quede entendida.

Experimentamos en nuestro exterior la manifestación de nuestro interior. Todo lo que vives lo generas tú con tus vibraciones, vibraciones de amor y de desamor, ambas cuentan.

Como es arriba, es abajo.
Como es dentro, es fuera.

Las cosas no te pasan, la gente no te hace. Eres el único creador de tu vida y de tu realidad. Tú eliges si quieres seguir llevándote por la opinión y las creaciones de los demás o asumes tu poder y te pones a crear tu vida y tu realidad como de verdad quieres vivirla.

> **«Cambia tu interior y se manifestará en tu exterior».**

No hay más magia que esta. Así de fácil y de sencillo. Para cambiar tu interior, tienes que empezar a mirarte y a prestarte atención. Nadie va a hacer los deberes por ti, esto no funciona así. Solo a través de la meditación y la conexión con nosotros mismos, conectaremos con nuestra alma y con nuestra verdad más absoluta.

Así que haremos un trabajo progresivo abarcando cada vez más chakras afectados. Trabajaremos con la lista que has preparado sobre **autocríticas, etiquetas y frases que has admitido como verdaderas.**

Comenzaremos a trabajar nuestro plexo solar, nuestra manifestación divina, nuestro Ser y cómo nos manifestamos a los demás.

Autocrítica

En este caso, nos estamos juzgando, criticando, comparando, reprochando...

Hay una profunda desconexión entre cómo soy y cómo dice mi mente que debería ser. La mente se impone a los sentimientos emitiendo un juicio sobre un hecho en el que, según su experiencia y lo que tiene programado como correcto, deberías haber hecho algo.

Pero no pregunta cómo te sentías o qué querías expresar. Es por ello que fríamente dictamina que para hecho A, acto B. Si tú has hecho C, te echará la bronca Este juicio nos hará sentir mal, tristes, desvalorizados... Nuestro peor enemigo somos nosotros mismos.

Coge tu lista de autocrítica y lee cómo te traicionas, qué te reprochas, si se centra en alguna parte de tu cuerpo o si es por algo que dices o haces. Cuando te haces esas críticas, ¿cómo te sientes? ¿qué sentimiento es el que estás reprimiendo?...

La mente está al servicio del alma. Hasta este momento la has dejado volar libremente, pero ha llegado el momento de que se ponga a tu disposición, al servicio de tu alma.

Nuestro trabajo se va a complementar con la **zoisita**. La puedes encontrar en matriz con rubí. Igualmente será beneficiosa y complementaria.

Este cristal nos conecta con nuestra verdad, con nuestra esencia y nos apoya y nos refuerza en ella, haciendo que crezca en nosotros la valentía de manifestarnos tal cual somos. Es como un amigo que nos tiende la mano para que atravesar esos momentos de reafirmación sea más fácil. Favorece la apertura del chakra coronario y la conexión con nuestro Yo Superior.

Cuando somos nosotros mismos, no hay crítica. Cuando intento seguir y ser como otro que no soy yo, entonces sí hay comparación, juicio y dolor. Me separo de lo que realmente soy.

Observar tus sentimientos es fundamental para llegar a la raíz de tu Ser. Toda esa lista de autocríticas te separan de ti, de tu verdad, de tu esencia y te entristecen porque te niegas a ti mismo. Te rechazas. No te aceptas. No te amas.

Eso es lo que perciben tus células: falta de amor.

Colócate la zoisita en el centro de la línea de Hara, esto es, encima del estómago más o menos. Desde ahí vamos a comenzar a trabajar las reprogramaciones.

Coge tu lista. Lee la primera autocrítica y a continuación dile a tu cuerpo:

Gracias por hacer tu trabajo, ahora puedo verte,
pero ya no me identifico contigo, con tu dolor.

Libero la energía contenida en estas palabras
y las integro nuevamente en mí.

Me acepto y me amo.

Lee la segunda autocrítica y vuelve a decir estas palabras. Así con toda la lista.

Realiza este ejercicio durante veintiún días para integrar el cambio energético en ti. Sería recomendable que en este tiempo tuvieras la zoisita siempre contigo. Puedes llevarla como colgante largo para que caiga sobre tu plexo solar y así trabaje con tu reafirmación.

Etiquetas y frases admitidas como verdaderas

En ambos casos le hemos dado más valor al ego del otro que al nuestro. Hemos admitido y asimilado «su verdad» como «mi verdad».

Vamos a recuperar nuestro poder. No tengo que ser como nadie dice o espera de mí. No tengo que cumplir sus expectativas. Puedo ser como yo quiera ser. Yo elijo. Yo creo. Yo decido.

Hazte dueño de tu cuerpo y de tu energía. Para este trabajo vamos a usar la **fluorita.**

Este cristal nos ayuda a identificar los patrones limitantes impuestos por otras personas y que nos han condicionado y manipulado, sobre todo a nivel mental.

También es un cristal para usar durante largo tiempo, puesto que la acción no es rápida, sino progresiva.

Colócate el cristal en el plexo solar y coge tus listas. Empieza con la de etiquetas. Lee la primera y tras cada frase dile:

Gracias por hacer tu trabajo, pero esta ya no es mi verdad.

Yo soy el creador de mi vida.

*Libero la acción de este condicionante
y soy libre de manifestar mis decretos.*

Repite esta acción para cada uno de los apuntes que tenías en etiquetas y frases limitantes. Igualmente, durante veintiún días repite la acción.

Anota todas las impresiones en tu cuaderno de trabajo.

FORMAS DE PENSAMIENTO

Anotaciones autocrítica, etiquetas, frases limitantes: ....

Es tu turno...

Ejercicios prácticos de la unidad

1. Durante una semana, coloca un cristal en el hígado y otro en el bazo (jaspe amarillo y heliotropo preferiblemente) y observa el cuerpo. Llévalo en contacto con la piel las veinticuatro horas del día. Haz diario de anotaciones sobre lo que observes en el cuerpo físico, cuerpo emocional, cuerpo mental, cuerpo espiritual.

2. Conecta con el centro de la línea de Hara y aumenta tu Sol interno. Puedes ayudarte con la energía del citrino, cuarcita, cuarzo rutilado, aventurina oro, piedra sol.

3. Repite los ejercicios de autocrítica y formas de pensamiento limitantes.

Puedes enviar tus respuestas a cristalesychakras@gmail.com para recibir un comentario sobre ellas.

Meditación

Visita al Templo de la llama Dorada de la Resurrección

Nos sentamos en una postura cómoda. Colocamos nuestros cristales amarillos a nuestro alrededor y cogemos uno entre las manos.

Respiramos pausadamente y nos vamos concentrando en sentir el cristal. Su tacto frío al principio y cómo, al fusionarse con nuestra energía, se va calentando.

Nuestro cuerpo comienza a reaccionar a esta fusión de energía. Dejamos que se exprese como quiera, nos permitimos sentir.

Colocamos nuestras manos a la altura del regazo y visualizamos nuestro Sol interno. Nos invade una sensación de plenitud y bienestar. Nos vamos centrando en ir alimentando nuestro Sol interno, en hacerlo crecer, y nos dejamos transportar por esta luz hasta el templo etérico del rayo dorado.

Esta llama nos ayuda a recordar nuestra divinidad, nuestra manifestación como Seres divinos encarnados temporalmente y a dejar que se manifieste la voluntad de nuestra alma.

A la entrada del templo nos recibe un Maestro y cuidador de la llama dorada o de la resurrección. Nos invita a entrar y nos asigna unos acompañantes que responderán todas nuestras preguntas.

En el centro de la estancia hay una gran llama de color dorado. Su centro es como oro líquido y por los bordes brilla como gotas de diamante.

Nos disponemos alrededor y respiramos conscientemente incorporando partículas de esta llama a nuestro centro divino. Con cada respiración, nuestro centro va creciendo más y nos sentimos conectados con la misma fuente y con todos los que hay en la sala. Nos sentimos UNO con todos.

Nuestro acompañante nos lleva hasta una habitación donde poder descansar e integrar esta energía en nuestro campo energético, para que luego pueda ser transmitida al cuerpo físico.

Respiramos y sentimos la plenitud del momento. Solo existe este momento. Aquí y ahora mi centro, mi Sol se expande y asumo mi verdad, la verdad de mi alma.

En nombre de mi amada y divina presencia, Yo Soy.
Yo Soy luz.
Yo Soy uno con la Llama Dorada.
Yo Soy Llama Dorada.

Cuando estemos preparados, nos levantamos. Los acompañantes nos llevan hasta el Maestro del templo. Le damos las gracias por esta experiencia de sanación y nos alejamos del lugar.

Respiramos profundamente y establecemos conexión con nuestro cuerpo físico. Volvemos a tomar conciencia de su densidad. Lo hacemos nuestro otra vez. Estiramos brazos, piernas y, con las manos en nuestro plexo solar, respiramos profundamente y le llevamos toda la energía del la llama dorada que hemos integrado anteriormente.

Chakra cuarto 14

1. Relacionado con...

El cuerpo emocional. Color verde o rosa.

Situado en el centro del pecho. Rige la esfera del amor y del afecto. Es nuestro centro emocional y coordina al resto de los chakras en cuanto al pulso del amor incondicional. Hace de unión entre los chakras inferiores y los superiores, y nos abre a otras realidades y dimensiones.

Existe una coordinación entre nuestra glándula pineal, nuestro corazón y nuestras manos. Constituyen un triángulo de acción que debe estar sincronizado y armonizado. Podríamos decir que forman el equilibrio mente, corazón y cuerpo.

Cuando el chakra corazón está abierto y equilibrado, nuestro amor fluye, nos sentimos en armonía con todo y podemos expresar nuestro amor y bondad hacia los demás.

Cuando el chakra está cerrado, sentimos desconfianza, celos, resistencia a los cambios, notamos que nos falta algo y experimentamos la sensación de carencia.

Muy relacionado con el chakra timo, no podremos ofrecer amor incondicional o expresar nuestros deseos si este chakra no está equilibrado y sincronizado con el chakra corazón. El timo es el regulador del sistema linfático (las emociones), por lo que cualquier tema de retención de líquidos o que tenga que ver con el cuerpo emocional habrá de tratarse conjuntamente entre el chakra 2 y el timo.

A partir de ahora, cuando abordemos un tema que afecte al chakra cardiaco, tendremos que ver y actuar también sobre el chakra que está manifestando conjuntamente el problema. Por ejemplo, algo relacionado con los miedos, lo trataremos en el cuarto, pues miedo es lo contrario a estar abierto al amor incondicional, pero también resuena con el chakra primero, pues es el lugar donde se alojan nuestros temores. Además, si estamos sintiendo un miedo extremo, angustia, malestar..., deberemos tratar también nuestro sistema linfático y nuestro cuerpo emocional, por lo que actuaremos sobre el timo y sobre el chakra 2.

2. Test sobre el estado de tu chakra cuarto

Contesta sí o no a las siguientes preguntas.

Después, consulta los resultados en la página 289. Para complementarlo, puedes hacer uso del péndulo y comprobar la amplitud y sentido de giro.

Estará abierto cuando gire en sentido horario y tenga gran amplitud, sin llegar a ser excesiva y estar el péndulo casi horizontal.

Estará cerrado cuando gire en sentido antihorario y/o la amplitud sea muy pequeña o excesivamente grande.

PREGUNTAS	Sí/No	Puntuación
Amo a todos los seres vivos		
Veo belleza en todo lo que me rodea		
Vivo en paz, sin conflictos externos		
Soy tolerante con la opinión de los demás		
Mi lema es «Vive y deja vivir»		
No encuentro un propósito a mi existencia		
Mis relaciones no son duraderas		
Me cuesta ceder cuando otro piensa diferente		
A veces me siento solo		
Todo lo que vivo está en armonía con mi plan divino		
Soy comprensivo y compasivo		
Siento que las circunstancias me impiden alcanzar aquello que quiero		
Cuando tengo todo bajo control, es más fácil que todo salga perfecto		
Los demás sabotean o van en contra de mis planes		
Soy celoso con mi pareja		

Resultados:

— 8 puntos: chakra abierto
— De 4 a 8 puntos: parcialmente abierto
— De 0 a 4 puntos: cerrado o parcialmente cerrado

3. Cristales chakra cuarto (cristales rosas y verdes)

- Cuarzo rosa
- Rodocrosita
- Amazonita
- Calcita verde
- Cuarzo verde
- Ágata verde
- Jade verde
- Crisoprasa
- Rodonita
- Aventurina verde
- Kuncita
- Ópalo rosa y verde
- Crisocola
- Ágata musgosa
- Malaquita

Es el momento de que cojas tus cristales y experimentes con ellos. Para este ejercicio, utiliza en un principio los de color rosa y verde, aunque hay más cristales que resuenan con el chakra cardiaco.

Colócalos primero en el chakra cardiaco y posteriormente en el chakra timo. Observa las diferencias que has experimentado y completa tu ficha.

NOMBRE:
Fecha:
Posición del cristal:
Sensaciones físicas:
Sensaciones mentales:
Sensaciones emocionales:
Otras observaciones:

FICHA DEL CRISTAL

NOMBRE:
Chakra dominante:
Órganos sobre los que trabaja:
Cuerpos en los que trabaja:

Los componentes químicos que contienen los cristales en su formación interna ejercen influencia sobre el cuerpo mental/emocional. Cuando vemos la fórmula química de un cristal, la parte principal nos va a decir la influencia sobre el cuerpo físico. Esto es lo que suelen recoger la mayoría de los libros. Hay unos componentes escasos que tienen influencia en el cuerpo mental y emocional, y unas trazas que tienen influencia en el cuerpo espiritual.

Los cristales que resuenan con el chakra cardiaco son los verdes o rosas. Pero además, vamos a incorporar una serie de cristales que nos van a ayudar a tratar los bloqueos, aflicciones, miedos y, por otra parte, los que nos permiten sentirnos mejor con nosotros mismos y aumentan nuestra autoconfianza.

El trabajo, como veis, puede ser entendido en dos partes, una primera de apertura de corazón, para bucear en nuestras sombras, y una segunda donde el corazón se expande y recuerda que es un Ser de amor y, como amor, se abre a manifestarlo incondicional.

Influencia sobre el cuerpo mental y emocional

1. Cristales que ayudan a liberar miedos, patrones de comportamiento limitante, obsesiones...

Contenido en aluminio, antimonio, boro, flúor, manganeso, plomo, potasio, titanio, zirconio.

Ejemplos: halita, rubí, aventurina, cuarzo ahumado, cuarzo rosa, ágata musgosa, crisoberilo, hemimorfita, labradorita y moldavita.

2. **Cristales que trabajan la autoconfianza, la alegría de vivir, el bienestar, la reafirmación…**

Contenido en boro, calcio, cobre, cobalto, cromo, estaño, litio, níquel, vanadio.

Ejemplo: pirita, aguamarina, crisoprasa, casiterita, welfenita, zoisita, kuncita y amazonita.

Observa si en tu colección tienes alguno de estos cristales o si llaman especialmente tu atención, y disponte a experimentar con ellos.

La gran mayoría de ellos son de efecto lento y pausado, pues no son cristales de choque, sino de acompañamiento y refuerzo. Así que puedes usarlos tranquilamente durante largos periodos de tiempo.

Completa la ficha de cada uno de tus cristales. Primero colocados sobre el chakra corazón y a continuación sobre el timo.

Si has elegido alguno para trabajar con él más tiempo, obsérvate durante la primera semana y sobre todo durante los primeros tres días, que es cuando más se notan los efectos sobre el cuerpo.

NOMBRE:
Fecha:
Posición del cristal:
Sensaciones físicas:
Sensaciones mentales:
Sensaciones emocionales:
Otras observaciones:

FICHA DEL CRISTAL

NOMBRE:
Chakra dominante:
Órganos sobre los que trabaja:
Cuerpos en los que trabaja:

ACTIVACIÓN CHAKRA: ....

Fecha:...

1.er día: ....
2.º día: ....
3.er día: ....
4.º día: ....
5.º día: ....
6.º día: ....
7.º día: ....

Conclusiones:...
....
....
....
....
....
....
....
....
....

4. Capa cuarta del aura y cuarto chakra

La cuarta capa está relacionada con el corazón y ahí entra tanto el amor que nos damos como el que damos a los demás.

Solemos buscar en el exterior las carencias que guardamos en nuestro interior. Cuando llegamos a este mundo somos un alma pura, bondadosa y repleta de amor. Ningún bebé tiene que esforzarse en amar, es algo innato. Sin embargo, según avanza nuestra vida, vamos siendo protagonistas de historias en las que hubiésemos necesitado más abrazos, más cariño; pero puesto que estamos rodeados de personas heridas y que presentan limitaciones emocionales, incapaces de darnos ese amor que demandamos, se originan esas carencias en nosotros.

Para romper este círculo vicioso es necesario que centremos nuestra atención en nosotros, en nuestro niño interior, y que lo colmemos de amor hasta sentirnos en completa plenitud.

Cierra los ojos y por unos instantes, siéntete nuevamente como cuando eras niño. Busca en tu memoria un recuerdo feliz y quédate con esa sensación de amor infinito que experimentaste.

Sin preocupaciones, sin dolor, lleno de alegría y entusiasmo. Un Ser de Luz y Amor. Todos los niños lo son. Cuando no lo manifiestan es cuando han sido heridos y reaccionan con ira y dolor ante la carencia que han experimentado.

Sintiéndote niño nuevamente, visualiza algo que te encantara hacer. ¿Lo sigues haciendo en tu vida de adulto?, ¿no?, ¿por qué?

Cuando somos niños estamos muy en conexión con nuestra alma, con nuestra verdadera naturaleza. Somos libres, rebeldes, queremos hacer las cosas a nuestra manera y no como los mayores nos digan. Poco a poco, nos vamos domesticando para seguir viviendo en sociedad y «ser como los demás». Eso nos resta alegría de vivir, nos hace perder nuestra frescura, ese don que nos hace únicos y libres. Sufrimos y nos duele.

Abraza a tu niño interior. Acompáñalo, acompáñate desde tu presente.

Hay un cristal conocido por todos como amor incondicional: se trata del **cuarzo rosa**. Siempre que quieras trabajar con tu niño interior, coge tu cuarzo rosa y envolveos en color rosado. Respira ese aire amoroso y permite que tu chakra cardiaco se expanda. Siente el amor en cada una de tus células y habla con tu niño interior. Calma sus miedos, sus malos entendimientos, relativiza los problemas y hazle ver la enseñanza.

Sana a tu niño interior y te estarás sanando a ti mismo, tu pasado, tu presente y tu futuro.

Amor. Receta que cura todos los males.

5. Órganos relacionados

Chakra 4 (en el corazón):

- Pulmones
- Pecho
- Corazón
- Manos
- Brazos
- Sistema circulatorio
- Asma
- Enfermedades cardiacas y pulmonares
- Depresión
- Hipertensión
- Sistema linfático (chakra timo)

6. Ejercicios con cristales y cuarto chakra

Sincronizar pineal-corazón-manos

Nuevamente realizamos este ejercicio para volver a trabajar nuestra energía con nuestros tres centros sincronizados: la glándula pineal, el corazón y las manos.

Nos conectamos a tierra. Elegimos un color blanco brillante si no se nos ha presentado ningún otro color primero. Subimos esa energía cálida hasta nuestro chakra corazón y dejamos que la energía de la madre se expanda en todo nuestro centro cardiaco.

Desde el corazón, sale un hilo de luz que sube por la garganta y sale por el chakra corona. Es la energía que va a buscar la energía del padre y a nuestro Yo Superior.

Sentimos cómo se derrama sobre nosotros e integramos esa energía en nuestro corazón; cómo se fusionan ambas energías, padre y madre.

Visualizamos cómo se va formando el siguiente triángulo entre nuestros centros energéticos y sentimos cómo se sincronizan.

Desde nuestro tercer ojo, a la mano izquierda, a la derecha y nuevamente al tercer ojo. Desde el tercer ojo, pasando por el timo, llegamos al corazón y de ahí a cada una de las manos.

Dejamos que el flujo pase varias veces, hasta que sentimos que todos los puntos están a igual nivel energético. Nuestro chakra corazón se va abriendo cada vez más y notamos cómo nuestro pecho expande.

Respira hondo y pausado. Acepta esta expansión necesaria en ti para manifestar todo tu amor incondicional.

Eliminar bloqueos, miedos... que nos alejan de la alegría de vivir

Los miedos se alojan en el corazón, como también lo hacen en el chakra raíz. A la hora de trabajar con aquello que guardamos que nos aleja de nuestra naturaleza, y nos infunde temor y sentimiento de carencia, vamos a trabajar conjuntamente con el 4 y con el 1.

Para el chakra cuarto elegiremos un cristal de la lista de los cristales que resuene con la función de quitar miedos, y otro cristal de los que ya vimos en el chakra primero para tratar miedos, por ejemplo el cuarzo ahumado.

Antes de comenzar, recuerda que los cristales tienen que estar limpios, activados y programados.

Elige el color de cordón que quieras y conéctate a tierra.

Nos colocamos un cuarzo rosa (elige uno de la primera lista) en el chakra corazón y un cuarzo ahumado en el chakra raíz.

Realizamos varias respiraciones profundas y vamos centrando nuestra atención en nuestro corazón, manifestando nuestra intención de que estos cristales nos ayuden a entender cuál es la raíz de nuestro miedo, qué es lo que nos aleja de nosotros mismos y qué sentimiento contrario al amor nos hace vivir ese recuerdo.

Dejamos que la energía del cristal penetre en nuestro corazón y actúe como deshollinador, liberando viejas memorias de dolor, soledad...

Tómate tu tiempo para esta primera parte. Es una labor lenta, pues no queremos que sea traumática para el alma. Al contrario, queremos que se sienta acompañada de la energía amorosa del cristal y que, gracias a él, se abra a ver la experiencia desde este nuevo punto de vista para poder trascenderlo y liberarlo.

Pasados unos veinte o treinta minutos, tanto si te han venido imágenes o sensaciones que tratar como si no, colocaremos el cristal en el chakra raíz. En nuestro caso hemos elegido el cuarzo ahumado. Este cristal nos va a ayudar a eliminar el patrón limitante, liberando toda esa energía atascada en ese recuerdo.

Antes de concluir, cogeremos un cristal de la lista de los que apoyan e infunden valor y alegría de vivir, y lo colocaremos en el timo. Por ejemplo, un aguamarina.

Como hemos comentado, el timo trabaja sobre el sistema linfático, el «agua» del cuerpo que son las emociones. Y como ya vimos, el chakra segundo está relacionado con el cuerpo emocional. Así que vamos a terminar el ejercicio trabajando sobre las emociones en estos dos puntos: en el cuerpo físico a través del timo y en el cuerpo emocional a través del chakra segundo.

Coloca un cristal en tu chakra segundo, puede ser una selenita o una piedra luna, que nos ayudan a equilibrar el campo emocional. Y sobre el timo, un ágata musgosa.

De esta forma vamos a estimular nuestra capa emocional y nuestro sistema linfático, permitiendo que esas energías liberadas se aligeren en el flujo en el que se encuentren.

Permanece en esta postura al menos otros treinta minutos.

Al finalizar, completa las anotaciones sobre tus miedos.

LIBERAR MIEDOS

Cristal liberador de miedos: ....
....
Cristal alienta la conexión con el Ser: ....
....
Cristal para el chakra primero: ....
....
Cristal para el chakra timo: ....
....
Cristal para el chakra segundo: ....
....
Comentarios: ....
....
....
....
....
....
....

Trabajar la autoestima

Cuando tenemos la autoestima baja, estamos emitiendo un juicio sobre nosotros mismos. Una comparación que nos aleja de lo que somos y nos recrimina y castiga por no ser como «deberíamos» ser.

Recuerda que todo juicio viene de la mente, no del alma. El alma ama. La mente juzga.

Estamos faltos de amor y lo buscamos fuera. Mendigamos palabras de cariño, de reafirmación de nuestra imagen, buscando si el juicio del otro es más benévolo que el nuestro y recibimos así algo de amor.

Obviamente no es el mejor camino de tratar el problema, ¿verdad?

Para aumentar la autoestima vamos a trabajar el amor propio y la confianza en nosotros mismos. Trabajo de aceptación tal cual somos. No más listos, ni más altos, ni más delgados o más gordos... Amarnos como somos.

Para aceptar como somos, primero tendremos que contemplarnos. Mirarnos, sin emitir juicio. Solo mirar y contemplar cuánto amor hay en nuestro corazón, nuestra bondad, nuestra dulzura, nuestros sueños...

Para este trabajo, vamos a usar alguno de los cristales de la lista de los que resuenan con la alegría de vivir. Elige el que quieras, el que más llame tu atención.

Durante veintiún días llevarás ese cristal siempre contigo, a la altura del corazón a ser posible, y lo incluirás en tus meditaciones diarias manteniéndolo en tu corazón y sintiendo su energía sanadora.

Todos los días, antes de acostarte, escribirás una lista con cincuenta registros indicando por qué te amas. Las frases serán expresadas en positivo y en presente:

Yo, ..., me amo muchísimo, amo ....

Completa cada día la anotación correspondiente a la jornada de trabajo. Indica lo más relevante, tu estado de ánimo, algún logro...

Aunque indico veintiún días, puedes continuar con tu cristal más tiempo si lo deseas. Ese periodo es para integrar energéticamente el trabajo en tu campo energético y que se produzca la transformación.

DÍA 1: ....
DÍA 2: ....
DÍA 3: ....
DÍA 4: ....
DÍA 5: ....
DÍA 6: ....
DÍA 7: ....
DÍA 8: ....
DÍA 9: ....
DÍA 10: ....
DÍA 11: ....
DÍA 12: ....
DÍA 13: ....
DÍA 14: ....
DÍA 15: ....
DÍA 16: ....
DÍA 17: ....
DÍA 18: ....
DÍA 19: ....
DÍA 20: ....
DÍA 21: ....

Dolor de corazón, angustia, ansiedad

Muy relacionado con el ejercicio anterior. A veces, además de miedo en el corazón, guardamos angustia, soledad, dolor, pánico… Puede proceder de una situación presentada en esta vida o en vidas pasadas. De hecho, podemos tener una fobia o un miedo terrible a algo y no entendemos el porqué.

En esta ocasión, vamos a trabajar sobre el timo, pues es la glándula que regula nuestros sistema linfático, las emociones en el cuerpo físico.

Cogeremos un cristal que nos aporte consuelo, si la crisis es muy fuerte, o un cristal que nos ayude a liberar ese miedo. El ágata musgosa trabaja muy bien en este tipo de ejercicios, pues por su propia acción influye sobre la linfa del cuerpo y calma los miedos del alma.

Habrá de llevarse continuadamente el cristal sobre el timo hasta que la crisis haya pasado. Notaréis la acción rápidamente.

Es posible que percibáis la situación como un diálogo interior en el que racionalmente vemos el miedo de frente y le vamos quitando una capa, otra capa…, así hasta que ya no queda nada delante y el miedo ha desaparecido.

Igualmente puedes trabajarlo durante veintiún días para la integración energética. El mínimo tiempo recomendable de siete días.

Sanar un mal recuerdo

A lo largo de nuestra vida todos tenemos momentos que hubiéramos preferido evitar. Sin embargo, son esos momentos los que nuestra alma quería vivir y experimentar para avanzar en su crecimiento.

Esas escenas pueden llegar a ser muy dolorosas, sobre todo cuando no les vemos ningún sentido ni entendemos el porqué.

Para este ejercicio podéis usar el cristal que más os llame de cualquiera de las dos listas que vimos en la unidad.

Antes de comenzar, recuerda que los cristales tienen que estar limpios, activados y programados.

Establece conexión a Tierra con el color del cordón que quieras o con uno que te aporte un extra de amor y consuelo. Siéntate en un sitio tranquilo y disponte a conectar con tu interior. Coloca el cristal que has elegido en el chakra corazón.

Vuelve a ese momento doloroso y a revivir esa experiencia que en aquel momento te resultó tan difícil y traumática.

Ahora, acompáñate en esa escena con tu cuerpo actual. Expresa aquello que hubieras necesitado oír o sentir para que la situación no se hubiera desarrollado así causándote tanto dolor. Utiliza el color del cristal que has elegido para rodear toda la escena con su vibración. Por ejemplo, si has elegido un cuarzo rosa, rodea toda la escena y a todos los personajes con una nube rosada hasta que te sientas bien y el dolor haya pasado. Libera todas las emociones que acudan a ti. Si tienes que llorar, llora. No lo reprimas. Deja que se liberen las energías atascadas y permite que fluyan.

No necesitas entender por qué tenías que vivir este momento, pues corresponde a una decisión superior, pero sin duda alguna ha sido una experiencia que te habrá ayudado a crecer.

Teniendo la visión de ese momento rodeada por el color rosa o verde, agradece haber vivido esa situación, pues gracias a ello tu alma se elevó y creció. Hazlo desde el corazón. Agradece a las personas implicadas que se prestaron para que tu vivieras ese momento, perdona lo que pasara, a ti mismo, y déjalo ir envuelto en la energía sanadora del AMOR.

Si no sabes por dónde empezar, permite que los cristales te guíen. Coloca cuarzo rosa o aventurina verde en el corazón. Una malaquita en el plexo solar y una rodocrosita entre el corazón y el plexo solar.

Un rato de meditación con esta composición de cristales te llevará hasta la escena por la que comenzar a trabajar.

Es recomendable seguir llevando el cuarzo rosa o la aventurina verde unos días después de hacer el ejercicio, para que aporten la energía sanadora a esa vibración y terminen de sanarla.

SANAR UN MAL RECUERDO

Cristal chakra corazón: ....
....

Comentarios: ....
....
....
....
....
....
....
....
....
....
....
....

Aceptación del cuerpo físico

Hemos comentado que el chakra cardiaco equilibrado va a tener mucho que ver con el amor propio. Desgraciadamente, una de las cosas que causa más insatisfacción personal y problemas de autoestima es el cuerpo físico.

No tenemos un cuerpo de revista, y eso nos hace sentir faltos de valor, a veces inseguros, nos criticamos, nos comparamos, cuando lo único que hemos de hacer es aceptarnos y querernos tal como somos.

¡Qué fácil se dice y qué difícil es a veces llevarlo a cabo!

El cuerpo tiende a acumular grasa en torno al lugar donde ha sufrido daño. El cuerpo emocional ha podido experimentar a lo largo de su existencia una vivencia tan dura que no ha conseguido asimilar o aprender y se encuentra dolorido, de modo que se protege para que otras no lleguen a ese sitio y vuelvan a producirle daño.

Para este trabajo utilizaremos la **vanadinita**.

Este cristal está muy relacionado con el cuerpo físico y puede ayudarnos de dos formas muy concretas: asentando nuestra energía en el cuerpo físico y haciéndonos aceptar nuestro cuerpo físico como vehículo necesario en esta encarnación.

Para aquellos a los que les cuesta estar en la Tierra, que no la sienten como «su casa» y disfrutan contemplando el Universo y los cielos estrellados, buscando y mirando algo que a veces no saben qué es, este cristal ayuda a recordar, de manera inconsciente primero, consciente después, que el trabajo que tú elegiste está aquí y ahora. Que este es tu lugar y que tu casa está donde está tu alma.

Nos enseña a bucear en nosotros mismos, haciéndonos sentir que estamos regresando al origen; nos conecta con nosotros mismos para que encontremos el lugar que buscamos, nuestro lugar.

También interviene en la aceptación del cuerpo que tienes. Es posible que no te guste, que no sea lo que tu deseas, que no tenga el peso adecuado…, pero es el que escogiste para hacer lo que has venido a hacer.

La vanadinita te hará tomar conciencia de esta observación para que vivas el proceso de manera productiva y positiva. Si no me gusta mi cuerpo porque está obeso, ¿te has parado a pensar si realmente está obeso? ¿O es simplemente que no cumples con los patrones que tratan de imponernos? ¿O es el resultado de una dieta desequilibrada, que está encubriendo otro tema aún por destapar?

Quizá quieras aprender a amarte a ti mismo a pesar de las apariencias, de los convencionalismos; conectar con tu esencia sin que importe el físico... El físico es el vehículo que usamos en esta dimensión y que, como todo, es como debe ser.

Reconcíliate con tu cuerpo, contigo mismo, busca y conecta con tu verdadera esencia...

Puedes trabajar con la vanadinita, en forma de elixir. Así, actúas primero rompiendo patrones en el inconsciente para luego aportar luz en el consciente.

Tu cuerpo está formado por millones de células que tienen conciencia, que oyen tus pensamientos y sienten y lloran cuando las rechazas y las odias. Entonces crean una capa alrededor para protegerse, y es ahí cuando podemos sufrir retención de liquido, celulitis, grasa localizada.

Háblale a tu cuerpo con amor, con comprensión, con dulzura... Dile que lo vas a tratar con todo el amor que hay en ti, que lo cuidarás, le darás alimento sano y solo aquello que le sienta bien, que lo ejercitarás para que esté ágil y la energía fluya fácilmente por él, que no tomarás tóxicos que lo contaminen y lo dañen, que no tiene que apartarse de ti para protegerse porque ya lo vas a cuidar tú.

Reconcíliate con tu cuerpo. Está haciendo un magnífico trabajo de transformación y eso lleva su tiempo y su proceso.

Podéis hacer un elixir por el método indirecto para trabajar la resistencia que ofrecemos a nuestro cuerpo. Combínalo con epidota para encontrar las causas que te llevan a coger más peso, y posteriormente con cianita para liberarte de él.

Es tu turno...

Ejercicios propuestos en la unidad

1. Realiza una sanación consciente para cada uno de estos temas y comenta qué cristales elegirías y dónde los colocarías:

   - Adicción a la comida
   - Deseo constante de ser el centro de atención
   - Timidez extrema que te impide relacionarte
   - Complejo de inferioridad por tu cuerpo físico

2. Experimenta en semanas alternas la distinta vibración entre los dos grupos de cristales que hemos visto. Anota qué te hace sentir cada uno y para qué momento de tu vida o situación te viene mejor.

3. Realiza los ejercicios de integración de veintiún días para superar un momento doloroso.

Puedes enviar tus respuestas a cristalesychakras@gmail.com y recibir un comentario sobre ellas.

Meditación

Visita al Templo de la llama del Amor Eterno

Muy conectados a la tierra y a nuestro yo superior, visualizamos como se genera nuestro cuerpo mercaba de luz.

Esta forma geométrica nos envuelve y, como si de un vehículo se tratase, nos transporta al Templo etérico de la llama del Amor Eterno.

Es un Templo inmenso. De un color rosado suave y blanco. Se respira calma, quietud, amor. Nos maravillamos con su estructura y su dimensión.

En la puerta nos reciben las sacerdotisas del templo. Ataviadas de blanco con largos vestidos, pareciera que flotan sobre la superficie. Sus cabellos están adornados y engalanados, y en su pecho la insignia de la diosa las distingue como cuidadoras de la llama del Amor Eterno.

Nos adentramos en el templo y nos asignan una acompañante que resolverá y contestará todas nuestras preguntas.

Es una estancia inmensa, rica en detalles. Obsérvala, puedes curiosear todo lo que quieras.

Nos dirigen hacia el centro del templo. Ahí vemos una llama enorme de color rojo-rosado que vibra y llena con su luz toda la estancia. La llama llega casi hasta la cúpula del templo y es visible desde todos los rincones.

Nos colocamos alrededor, nos cogemos de las manos y respiramos este aire de amor que rápidamente expande nuestros pulmones y nuestro corazón hacia cotas insospechadas de amor incondicional.

Con cada respiración, recuerdo que soy un Ser de Amor, un Ser de Luz. No soy este cuerpo físico, no soy mis circunstancias, ni siquiera soy las experiencias de mi alma. Soy un espíritu libre de amor y de luz viviendo una encarnación en este momento para mi mayor bien y aprendizaje.

Respiro todo el amor y la compasión que preciso. No hay prisa. Tómate todo el tiempo que necesites y expande bien tu chakra cardiaco. Expándete con la llama y siéntete una con ella.

Para ayudarnos a integrar esta energía y que luego pueda ser transmitida a nuestro cuerpo físico, las sacerdotisas nos acompañan a unas habitaciones donde descansar. Nos tomamos allí el tiempo necesario para normalizar nuestro corazón y nuestra respiración.

Finalmente, nos disponemos a marchar, no sin antes agradecer a estas maestras del amor esta maravillosa experiencia sanadora. Nos invitan a volver siempre que queramos.

Sentimos cómo regresamos a nuestro cuerpo, otra vez dentro de nuestro mercaba de luz. Tomamos conciencia de él y de su extensión. Movemos brazos, piernas…, nos estiramos y nos hacemos dueños de nuestro cuerpo.

Respiramos profundamente y visualizamos cómo el oxígeno está cargado de partículas rosáceas que llevan amor a nuestras células.

Siente cómo la llama del Amor Eterno se expande por tu cuerpo.

Chakra quinto 15

1. Relacionado con...

El cuerpo espiritual. Color azul.

Situado en la garganta. Es la fuente de nuestra expresión y comunicación.

Cuando este chakra está abierto y equilibrado, somos capaces de expresar nuestra voluntad y de comunicarnos sin sentirnos coartados o impedidos por otro sentimiento. Cuando está bloqueado, pueden darse problemas en la comunicación, ya sea por incapacidad o porque nos expresamos de forma no amorosa, sino más violenta, agresiva, autoritaria.

En esta situación hay dos puntos a tratar muy interesantes: la glándula tiroides y el punto feng fu, delante y detrás del cuello.

La glándula tiroides es donde se aloja el enfado, el deseo de poder y las actitudes rígidas.

Cuando expresamos la verdad de nuestra alma, la tiroides se encuentra equilibrada, nuestra voz es decidida, enérgica y nuestro organismo responde a ello. Pero cuando no asumimos lo que somos o no expresamos nuestra verdad interior, la función de la glándula tiroides se va debilitando, trabaja mal y altera, por tanto, la actividad de las hormonas que regula.

Otro problema que puede darse cuando este centro está desequilibrado tiene que ver con todas las afecciones de garganta: dolor, anginas, ronquera, pérdida de voz... Todos estos síntomas nos indican que hay energía atascada y por tanto enfermedad.

El punto feng fu se encuentra en la base del cráneo y es muy poco conocido, aunque de gran importancia en la medicina oriental. Denominado «la puerta del viento», cuando lo estimulamos podemos beneficiarnos en el sueño, recuperamos el buen humor y la vitalidad; está relacionado con la digestión, el alivio de dolor de cabeza y de muelas; de las articulaciones, de las afecciones respiratorias, cardiovasculares o gastrointestinales, así como de las infecciones de transmisión sexual. Actúa sobre la tiroides, la artritis, la hipertensión, la hipotensión, la obesidad, la celulitis, el ciclo menstrual, el estrés, la fatiga, la depresión, el insomnio.

2. Test sobre el estado de tu chakra quinto

Contesta sí o no a las siguientes preguntas.

Después, consulta los resultados en la página 289. Para complementarlo, puedes hacer uso del péndulo y comprobar la amplitud y sentido de giro.

Estará abierto cuando gire en sentido horario y tenga gran amplitud, sin llegar a ser excesiva y estar el péndulo casi horizontal.

Estará cerrado cuando gire en sentido antihorario y/o la amplitud sea muy pequeña o excesivamente grande.

PREGUNTAS	Sí/No	Puntuación
Creo que los demás tienen mucho poder sobre lo que pasa en mi vida		
Soy el único responsable de todo lo que me pasa		
Soy creativo en cualquier forma o talento		
Tengo especial talento para cantar, recitar, leer, expresarme en público		
A veces parece que tuviera telepatía		
El mundo es un lugar hostil		
La mayoría de las personas me tratan con hostilidad, violencia o me humillan		
No tengo capacidad creativa		
Tengo muchas ideas, pero no las materializo		
Mi profesión es mi pasión		
Mi trabajo permite que desarrolle por completo mis dones o talentos		
Siento apatía en el trabajo		
Sé que sería muy bueno si trabajase en otra cosa		
Me siento víctima de los demás		
Tengo mala suerte y no consigo lo que quiero		
El miedo al fracaso me impide hacer cosas nuevas o arriesgadas		
Temo no gustar a los demás		

Resultados:

— 6 puntos: chakra abierto
— De 3 a 6 puntos: parcialmente abierto
— De 0 a 3 puntos: cerrado o parcialmente cerrado

3. El proceso de comunicación

¿Te has parado a pensar cuál es la fuente de tu mensaje? ¿Es tu fuente el ego o el alma?

El chakra 5 tiene su representación en la parte trasera de la espalda (lado pasivo) y en el frontal (la activo)

Ese lado pasivo es el que recibe el mensaje y el lado activo el que lo emite. ¿De dónde llega ese mensaje? de la hipófisis.

El proceso de comunicación a través de las glándulas del cuerpo es el siguiente:

HIPOTÁLAMO	Traduzco lo que creo
PINEAL	Veo o imagino lo que recibo
HIPÓFISIS	He oído lo que recibo
TIROIDES	Hablo lo que recibo
TIMO	Transmuto claramente lo que recibo
CORAZÓN	Siento lo que recibo
GÓNADAS	Crean y manifiestan lo que reciben
SUPRARRENALES	Me mantienen fiel a lo que recibo

A través del chakra corona y del hipotálamo, entra la luz y la información de tu Ser Superior en el cuerpo. Ese mensaje es traducido en un primer momento por el hipotálamo. La pineal le da forma y lo emite a la hipófisis. Esta lo envía a la tiroides, que es la que emite el mensaje. En función de cómo de fiel haya salido ese mensaje, tendrá más o menos repercusión en el resto de las glándulas y afectará al resto de los chakras.

4. Cristales chakra quinto (cristales azules)

- Lapislázuli
- Turquesa
- Sodalita
- Ágata azul
- Cuarzo azul
- Cianita
- Azurita
- Amazonita

Solemos usar cristales azules para armonizar y equilibrar el chakra quinto. Hay cristales que son especialmente beneficiosos para trabajar el lado pasivo, actuando así en la recepción del mensaje entre la hipófisis y la tiroides.

Se trata de cristales con contenido en potasio en la fórmula general: **amazonita**, **apofilita**, **cianita**.

Coge ahora tus cristales e identifica si tienes alguno para trabajar el lado activo y pasivo.

Completa la ficha de cada cristal indicando si lo has colocado en el lado activo o pasivo. Experimenta ambas posiciones y anota las diferencias.

En la sección de ejercicios dispondrás de más opciones para profundizar en este punto.

NOMBRE:
Fecha:
Posición del cristal:
Sensaciones físicas:
Sensaciones mentales:
Sensaciones emocionales:
Otras observaciones:

FICHA DEL CRISTAL

NOMBRE:
Chakra dominante:
Órganos sobre los que trabaja:
Cuerpos en los que trabaja:

5. Capa quinta del aura y quinto chakra

Esta es la capa de nuestra expresión y de nuestra verdad.

Está relacionada con el quinto chakra, el de la garganta, y con la glándula tiroides.

Cuando no expresamos nuestros deseos, nuestra verdad, este chakra se va debilitando, se va cerrando y la glándula tiroides puede verse alterada y modificar su comportamiento.

En esta capa hay que cuidar qué peso le damos a las opiniones de los demás, pues pudiera ser que condicionaran nuestra propia expresión.

6. Órganos relacionados

Chakra 5 (en la garganta):

- Cuello
- Brazos
- Lengua
- Cara
- Cuerdas vocales
- Tobillos
- Muñecas
- Oído izquierdo y ojos
- Desorden del lenguaje
- Dolor de garganta
- Tiroides
- Enfriamientos
- Tortícolis
- Problemas auditivos

- Armoniza pensamientos y sentimientos
- Capacidad de inspiración
- Comunicación

7. Ejercicios con cristales y quinto chakra

Estado inicial de nuestro chakra garganta

Antes de comenzar a trabajar en nuestro chakra quinto, vamos a observar y visualizar en qué situación se encuentran nuestros «conos energéticos» activo y pasivo. Para que sea más fácil, una vez tengamos visualizados nuestros conos en el cuerpo, los proyectamos delante de nosotros con forma humana y dejamos que se expresen.

Observa el tamaño, estado, forma de cada uno de ellos y cómo interaccionan entre sí. ¿Se miran?, ¿se dan la espalda?, ¿qué hacen?…

Limítate solo a observar.

Terminado el ejercicio, toma nota de lo que hayas percibido para tu trabajo personal.

Lado activo ← ● → **Lado pasivo**

CHAKRA GARGANTA

Situación inicial: ....

....

Lado activo: ....   Lado pasivo: ....

Poner voz al chakra

Ahora vamos a poner voz a esas figuras y a dejar que nos hablen y nos cuenten cómo se encuentran y todo aquello que quieran decirnos en este momento.

Nos vamos a ayudar de los cristales para que nos digan si hay algo que está causando su posible distorsión, problema, represión…, o si por el contrario se sienten completamente identificados con el mensaje que solemos emitir.

Para el lado pasivo, esto es, detrás de la garganta, elige alguno de los que hemos comentado: amazonita, cianita o apofilita.

Para el lado activo, puedes utilizar cualquier otro cristal excepto la azurita, que más tarde veremos cómo usar. Por ejemplo: lapislázuli, turquesa, sodalita u otro cristal azul que tengas en tu colección.

Recuerda que los cristales tienen que estar limpios, activados y programados antes de empezar a trabajar con ellos.

Nosotros nos conectamos a Tierra y dejamos que se nos muestre el color del cordón más adecuado para este trabajo.

Centramos nuestra atención en el chakra garganta y lo visualizamos rodeado de luz azul. El arcángel San Miguel, maestro del primer rayo, el rayo azul de la Protección y la Fe, nos acompaña en este trabajo.

Proyectamos nuevamente las dos figuras de nuestro chakra activo y pasivo y dejamos que nos cuenten lo que necesitamos saber sobre el mensaje que damos o la manera en que lo hacemos.

Tómate el tiempo que necesites para escuchar a las dos figuras. Cuando finalices, toma nota en tu cuaderno de trabajo sobre esta nueva perspectiva de tu chakra.

Compara ambas fichas y observa sobre qué tema tienes que trabajar para estar alineado con el mensaje de tu alma.

CHAKRA GARGANTA

Cristal elegido: .... Cristal elegido: ....
....

Lado activo: .... Lado pasivo: ....
....
....
....
....
....
....
....
....
....
....
....
....
....

Liberar energías en los canales de comunicación

Ya hemos visto la relación entre la glándula tiroides y el resto de las glándulas del cuerpo. Cuando no expresamos la voluntad de nuestra alma, el cuerpo se resiente en aquel punto en el que el mensaje no está siendo fiel a nosotros mismos.

Para este ejercicio vamos a usar una **azurita** en el chakra activo. Este cristal actúa liberando las energías atascadas.

Comenzaremos liberando las energías atascadas en nuestro chakra garganta. Soltaremos todo aquello que no hayamos expresado, por miedo, por falta de valor, inseguridad…

A continuación, lanzaremos un rayo de color azul entre nuestra garganta y nuestro timo. Envolveremos el timo con la energía del rayo azul de Protección y liberaremos los miedos del alma, los episodios más traumáticos y que aún guarda en su interior.

Centraremos ahora nuestra atención en el corazón. Lanzaremos un rayo azul desde la garganta hasta el corazón para liberar todas las energías que nos hacen sentir mal, bien por lo que expresamos, bien por lo que no expresamos.

Seguimos con nuestro plexo solar, nuestro Sol y manifestación de nuestro Ser. Enviamos un rayo azul desde la garganta al plexo solar para liberar aquellas energías que nos impiden manifestarnos tal como somos, energías que ya no digerimos, situaciones que no toleramos…

El rayo azul sigue envolviéndonos y limpiando nuestros chakras. Ahora nos centramos en el segundo, en la relación entre la tiroides y las gónadas. ¿Qué estoy creando?, ¿está conforme a mi mensaje?, ¿hay algo que esté reteniendo mi creatividad?, ¿algo bloquea mis emociones?…

Continuamos con nuestro chakra base, lugar donde se alojan nuestros miedos referentes a cuestiones de afecto, de dinero, de integridad física. Enviamos un rayo de color azul desde la garganta hasta el chakra primero y liberamos todas esas energías densas que nos hacen vivir temerosos e inseguros.

Por último, conectamos el rayo azul con nuestros pies. Este rayo azul de protección y fe nos devuelve la seguridad en nosotros mismos y en nuestra encarnación. Nos afianza como seres creadores que somos y nos recuerda que podemos crear todo aquello que queramos; simplemente tenemos que tener la convicción de ser.

Después del trabajo, pasamos una selenita por nuestra aura para limpiar todas las energías que hayan sido liberadas del cuerpo y para retirarlas de nuestro campo energético.

Anota en tu cuaderno de trabajo los temas relativos a cada uno de los chakras que has trabajado. Puedes incidir más sobre ellos actuando directamente sobre el chakra afectado con tus cristales. Por ejemplo, si has notado que había mucha energía atascada en tu plexo solar, después de este ejercicio puedes colocar alguno de tus cristales amarillos en el chakra tercero y armonizarlo. También puedes volver a la unidad de plexo solar y realizar algún ejercicio liberador de energías atascadas.

TRABAJO CON AZURITA

Chakra garganta: ....
....

Chakra timo: ....
....

Chakra corazón: ....
....

Chakra plexo solar: ....
....

Chakra segundo: ....
....

Chakra raíz: ....
....

Chakra estrella de la tierra: ....
....

Amigdalitis y otros problemas de garganta

Estamos viviendo unos cambios energéticos muy potentes y nuestro cuerpo físico a veces se resiente.

Es posible que muchos de los efectos del salto energético que estás experimentando pasen como un resfriado o una gripe.

Lo mejor para superarlo, no resistirse, seguir las indicaciones del médico para tratar el cuerpo físico. Pero, ¿y qué hay de los cuerpos sutiles? Ellos también necesitan cuidados.

A la hora de tratar las afecciones de garganta, hay tres cristales que trabajan maravillosamente este tipo de problemas: la turquesa, la sodalita y el lapislázuli. Elige el cristal que más resuene contigo o testa cuál usar en este caso. Puedes hacerlo con tu péndulo o con radiestesia.

Si nos quedamos sin voz o tenemos gran ronquera, podemos hacer gárgaras con agua de turquesa. Como recordaréis, si la piedra está pulida, la pondremos en agua mineral por lo menos doce horas y luego haremos gárgaras con ella. ¡Por favor, no os bebáis el agua! Para tomar elixir de turquesa la concentración debe ser mucho menor.

Si la piedra no está pulida, usaremos el método indirecto. Esto es como poner el cristal al baño María durante doce horas y luego haremos gárgaras con el agua, que tampoco se debe tragar.

Molestias en los ojos

Últimamente estoy viendo muchos casos de problemas en los ojos; conjuntivitis, irritaciones, sequedad, dolor...

Analizando estas dolencias energéticamente, observo que en casi todos los casos se deben a una obstrucción entre el flujo que va desde la glándula pineal hasta el ojo afectado.

Para restablecer el flujo, podéis hacer una sanación con manos mediante reiki o usar los cristales para que ayuden a restituir el equilibrio.

Los cristales a usar son el ojo de gato, que puede servir para cualquier dolencia, o el aguamarina para problemas de infección, sequedad e irritación. En cualquier caso, testa qué cristal es más adecuado para ti en este momento.

Podéis poner el cristal en agua, método directo o indirecto, dependiendo de si es canto pulido o no, dejarlo entre cinco y ocho horas y luego lavaros el ojo con el agua. No hace falta que sea por dentro, con lavado externo es suficiente. La preparación del agua será de uso inmediato. Si necesitas para más días, prepara cada día la dosis necesaria. Al ser de aplicación cutánea, no añadiremos conservantes, por lo que mantendremos el agua solo veinticuatro horas.

Además, vamos a potenciar el flujo de energía que entra por nuestro chakra corona. Para ello usaremos un cuarzo blanco.

Sentado en posición de meditación, nos conectamos a tierra como hemos comentado.

Dirige tu atención al corazón. Desde ahí surge un hilo dorado que pasará por la garganta, la pineal y saldrá por la corona para unirse a tu chakra 8 (imagina una bolita sobre tu cabeza a 50 cm de distancia).

Ahora, siente cómo la energía del Universo, de la Fuente, llega a tu chakra 8 y cómo desde ahí te va bañando una lluvia dorada.

Coloca un cuarzo blanco en tu corona y visualiza cómo a través del cuarzo se proyecta toda esta luz a todos los rincones. Haz énfasis en que el flujo es siempre constante y que no hay zonas bloqueadas. Repasa tranquilamente todas las partes: cabeza, cuello, brazos, tronco, piernas y pies. Tómate tu tiempo y déjate recorrer por todo este flujo.

Herpes labial y otras afecciones víricas

Como hemos comentado, entendemos la enfermedad como un mensaje que nos da el cuerpo. En este caso, vamos a tratar el herpes labial.

En primer lugar, debes hacer memoria y remontarte a siete u ocho días antes de su aparición, para detectar en qué momento te enfadaste y retuviste ese enfado.

Ese herpes o calentura es la manifestación de una rabia no expresada. ¿Conoces el dicho «Como me muerda en este momento, me enveneno…»? Pues casi es literal lo que ocurre.

El tomar conciencia del momento te ayudará a liberarlo más rápidamente.

Para curar la herida, puedes usar fluorita. Una piedra bastante común y fácil de conseguir. La fluorita es muy eficaz para tratar todo tipo de virus. Además, te ayudará a sanar y cicatrizar la herida rápidamente. Por su alta vibración, contribuye a sacar las energías negativas y las tensiones de todo tipo. Limpia, purifica y restablece para que todo vuelva a estar en equilibrio

En primer lugar, limpia el cristal con el método que te sea más cómodo de los que ya hemos comentado.

Coge un recipiente, echa agua mineral e introduce el cristal dentro, solo si está pulido.

Si el cristal está en bruto, ponlo en un recipiente seco y este en otro que contenga el agua (como si lo pusieras al baño María).

Deja el recipiente al sol al menos ocho horas y luego usa esa agua para lavarte la herida, dándote golpecitos en ella con un bastoncillo o con una gasa. Con dos o tres veces al día es suficiente. Repítelo hasta que esté curada.

El agua que prepares será de consumo inmediato, así que cada día prepara tu elixir. Cuando el agua no lleva conservante, no debe mantenerse más de veinticuatro horas para evitar que se estropee. Prepara tu elixir diariamente mientras dure la afección.

Vidas pasadas

El chakra de vidas pasadas se localiza detrás de las orejas, como a tres dedos. En este punto podemos trabajar sobre nuestras vidas pasadas, traumas, mensajes que entender y recordar.

Cuando se queda atascado o bloqueado, tenemos tendencia a repetir experiencias del pasado, lo que dificulta el avance o el cambio de nuestro comportamiento. Cuando «recordamos» algún episodio de una vida pasada, estamos tomando conciencia de él para poder actuar de otra manera y aprender en el proceso. No podemos trascender nada que no sepamos que existe. El primer paso es siempre tomar conocimiento de la situación.

Con la ayuda de los cristales, es posible armonizar este chakra e incluso acceder a imágenes o recuerdos de vidas pasadas necesarios para nuestra evolución.

Si queremos abandonar patrones antiguos, meditaremos con una rodonita colocada en este chakra. Para acceder a algún episodio que nuestra alma decida que necesitamos saber, podemos usar una variscita o un peridoto. En el caso de que tengamos la intuición de que la situación presente está motivada por un experiencia en otra vida, recurriremos a la lepidolita para acceder a ella.

Si queremos acceder a alguno de los contratos que hicimos antes de encarnar, es decir, de nuestro planteamiento entre-vidas con nuestros Maestros y guías, meditaremos con una charoíta.

Aunque al principio puede resultar algo difícil, es solo cuestión de entrenamiento y de trabajar con la vibración de ese cristal. Intenta llevarlo largos periodos de tiempo, colocarlo bajo tu almohada al dormir, llevarlo cerca de la oreja… Déjate empapar bien de la vibración del cristal, que vaya calando en tu subconsciente, y realiza meditaciones diarias con él.

Acepta todo lo que venga, aun cuando pienses que se trata de tu imaginación y que te lo estás inventando. Los mensajes del subconsciente llegan a veces como pequeños flashes. Incluso en sueños. Anota todas tus impresiones, tanto de meditaciones como de sueños, mientras estés trabajando con este tema.

Revisa tus anotaciones cuando hayan pasado unos días y observa si siguen algún patrón o te hablan sobre el mismo tipo de situaciones.

VIDAS PASADAS

Observación meditaciones: ....
....
....
....
....

Sueños: ....
....
....
....

Es tu turno...

Ejercicios prácticos de la unidad

1. Realizar varias veces el ejercicio de visualización de nuestro chakra quinto poniéndole voz a estas energías para reforzar nuestro canal recepción-emisión de mensaje

2. Recuerda una situación en la que, a tu juicio, no te expresaras correctamente. Visualízala y revive ese momento energéticamente. Visualiza tu chakra quinto y deja que tus personajes se expresen. Libera el conflicto actuando sobre el chakra que lo necesite para equilibrar todas las energías

3. Explica qué tratamiento usarías para las siguientes afecciones:
   - Anginas
   - Ronquera
   - Faringitis

4. Cómo tratarías el tema de los ronquidos a nivel energético. Razona tu respuesta.

Puedes enviar tus respuestas a cristalesychakras@gmail.com y recibir comentarios sobre ellas.

 **Meditación**

Visita al Templo de la llama azul de la Protección y la Fe

Después de todos los ejercicios que hemos realizado para limpiar y armonizar nuestro chakra garganta, nos vamos a conceder el regalo de ir a integrar este escalón energético en uno de los templos etéricos más seguros que existen: el Templo de la llama azul de la Protección y la Fe.

Colocados en posición de meditación, sentados o tumbados, como mejor veamos, nos disponemos a entregarnos a este viaje maravilloso y sanador. Puedes usar alguno de tus cristales azules para conectar aún con más fuerza con la energía de este rayo y para que la vibración de este cristal se sincronice con la de la llama azul.

Con el cuerpo limpio y luminoso, el rayo azul nos envuelve con esta luz azulada tan refrescante y pura, y nos transporta hasta su templo etérico.

El templo está custodiado por la guardia del arcángel San Miguel. Subimos las escaleras de acceso a este impresionante tempo.

El arcángel San Miguel nos recibe en el templo. Nos da la bienvenida y nos asigna un escolta de su guardia para que nos acompañe en la visita. La construcción es magnífica. Ha sido realizada con cristales que reflejan la luz azulada de la llama que prende en el centro.

Esta llama refuerza la Fe y la conexión con la Fuente, con el Todo, con Dios o como quieras llamarlo. Es la Unidad por excelencia y la confirmación de pertenecer a ella. Al mismo tiempo, te envuelve con esta luz y, al sentirte Uno con ella, refuerza tu tranquilidad, hace que percibas el espacio como seguro, sintiéndote en casa.

Nos situamos alrededor de esta gran llama y respiramos esta luz azul. Esta energía sanadora de Protección y Fe va calando poco a poco en cada una de nuestras células para transmutar nuestro ADN y liberarlo del miedo.

Nuestro acompañante nos ofrece una estancia donde descansar. Allí nos colocan un mercaba de luz sobre nuestra garganta y se activa nuestro propio mercaba de luz, que estaba latente y dormido, esperando el momento de recordar que somos seres multidimensionales. Visualizamos nuestro mercaba.

Cuando estemos preparados, agradecemos a nuestro acompañante y a San Miguel por esta sanación, y envueltos en nuestro mercaba de luz, nos disponemos a volver a nuestro cuerpo físico, llevando toda esta luz de sanación a cada una de nuestras células.

Visualiza cómo el mercaba abarca todo tu cuerpo físico y hazlo girar. Siente como se activan tus capas multidimensionales, cómo ahora puedes acceder a otras realidades paralelas.

Respira pausadamente y lleva el oxígeno a todas las células de tu cuerpo, que al recibir estos códigos de luz se activan recuperando su memoria celular.

Chakra sexto 16

1. Relacionado con...

El cuerpo espiritual. Color morado.

Situado en el entrecejo, es el llamado tercer ojo. Es la entrada a nuestra intuición, al mundo sutil y la conexión mental.

Cuando este chakra está en equilibrio, nuestra intuición y sabiduría interior se agudizan y nos dejamos guiar fácilmente por ellas. Cuando no lo está, nos parece que estamos siendo manipulados por otros o incluso podemos sentir desórdenes mentales.

El tercer ojo es una puerta hacia una experiencia multidimensional.

Se puede entrenar y, cuando se abre, nos permite acceder a dimensiones que resuenan con nuestra vibración actual, por lo que el trabajo de activación debe ir acompañado de otro que consiste en elevar nuestra vibración, para así acceder a dimensiones superiores.

La luz e información que recibimos a través del hipotálamo es transmitida a la glándula pineal, permitiendo que «veamos» lo que hemos recibido.

Al igual que con otros chakras, el sexto chakra tiene su representación en la parte anterior y posterior, lo que recibo y lo que creo que recibo.

Al trabajar sobre este chakra vamos a lograr que la comunicación entre ambas partes sea más veraz y no se pierda por el camino, lo que potenciará en nosotros la capacidad de ver, de entender y de estar alineados con nuestra intuición, con nuestro Ser.

2. Test sobre el estado de tu chakra sexto

Contesta sí o no a las siguientes preguntas.

Después, consulta los resultados en la página 289. Para complementarlo, puedes hacer uso del péndulo y comprobar la amplitud y sentido de giro.

Estará abierto cuando gire en sentido horario y tenga gran amplitud, sin llegar a ser excesiva y estar el péndulo casi horizontal.

Estará cerrado cuando gire en sentido antihorario y/o la amplitud sea muy pequeña o excesivamente grande.

PREGUNTAS	Sí/No	Puntuación
Soy intuitivo		
Sigo siempre mi instinto		
Veo luces o colores cuando cierro los ojos		
Tengo capacidad de visualización		
Siento que mi creatividad está bloqueada		
A veces me siento confundido mentalmente		
Tengo muchas ideas, pero no dan resultado o no se materializan		
Creo que no tengo éxito porque las circunstancias no me son favorables		
Desisto de procesos largos cuando quiero materializar ideas		
Mis ideas son más negativas que positivas		
El mundo es un lugar hostil		
Prefiero trabajar con las ideas de otro que crear las mías		

Resultados:

— 4 puntos: chakra abierto
— De 2 a 4 puntos: parcialmente abierto
— De 0 a 2 puntos: cerrado o parcialmente cerrado

3. Cristales chakra sexto (cristales malvas)

- Amatista: relajación, apertura, equilibrio, expansión
- Charoíta: acceso a «entre vidas» para conocer el porqué de los temas de esta u otra encarnación
- Tanzanita: expansión, vidas pasadas, karma
- Sugilita: vidas pasadas, libera karma mediante el rayo morado
- Fluorita: influencia en la mente
- Ametrino: citrino + amatista

Es el momento de trabajar con tus cristales y conocer para qué han llegado a tu vida.

El tercer ojo no sirve solo para trabajar con cristales morados. Es tu puerta y tu canal para percibir lo inmaterial, lo etérico. Es la puerta para acceder a tus otras realidades multidimensionales.

Aunque comencemos trabajando con cristales morados para potenciar y expandir tu tercer ojo, puedes y debes realizar este ejercicio con el resto de tus cristales. Puedes completar la ficha de cada uno con la nueva información o con las imágenes que hayas recibido; sin duda alguna, te resultarán muy interesantes.

Tómate tu tiempo para trabajar con cada cristal.

Puedes hacer una ronda corta con varios de ellos para establecer diferencias o trabajos largos de varios días para acoplarte bien a la vibración del cristal. Cuanto más tiempo pases con tus cristales, más fácil te resultará establecer la conexión con ellos.

NOMBRE:
Fecha:
Posición del cristal:
Sensaciones físicas:
Sensaciones mentales:
Sensaciones emocionales:
Otras observaciones:
FICHA DEL CRISTAL
NOMBRE:
Chakra dominante:
Órganos sobre los que trabaja:
Cuerpos en los que trabaja:

Otros cristales para trabajar el sexto chakra

Idocrasa. Resuena con vidas pasadas traumáticas y especialmente dolorosas. Muertes violentas o de sufrimiento extremo.

Malaquita. Corta lazos emocionales, apegos, chantajes.

Fluorita. Libera la mente de patrones limitantes y que nos condicionan; tradiciones familiares, cargas sociales, juicios que hemos aceptado como válidos y que nos coartan e impiden nuestra expresión verdadera.

Okenita. Resuena con vidas pasadas, con karma aún pendiente de ser liberado, con temas de represión sexual, castidad, sexualidad mal entendida (por exceso o por defecto).

Serafinita. Abre el tercer ojo, nos ayuda a conectar con ángeles y guías. Nos muestra cómo hemos evolucionado.

Larimar. Estimula y abre el tercer ojo. Nos muestra situaciones en las que nos saboteamos.

Aqua aura. Abre y estimula el tercer ojo. Conexión con Seres ascendidos.

Pietersita. Expande el tercer ojo, nos muestra vidas pasadas.

4. Capa sexta del aura y sexto chakra

Es la capa de la intuición y está relacionada con nuestro sexto chakra, nuestro tercer ojo.

Este chakra es la puerta al mundo sutil. Activado, despierta nuestra capacidad de clariaudiencia, clariconocimiento, videncia, conexión con otros planos y dimensiones. Nos permite escuchar y seguir nuestra intuición, nuestro guía en el camino.

Cuando no está equilibrado, podemos tener la sensación de que las ideas nos son externas o seguir las indicaciones de otros en vez de las propias; incluso dudar de nuestras capacidades y pensar que tenemos algún trastorno mental.

5. Órganos relacionados

Chakra 6 (en entrecejo):

- Equilibra todas las partes del cerebro y los órganos de la visión
- Fortalece los ojos
- Nariz
- Cerebro
- Sistema nervioso central
- Ojos, vista
- Pensamiento intuitivo
- Previene la senilidad, la jaqueca, las pesadillas y las afecciones de la vista
- Controla todas las glándulas del cuerpo
- Inteligencia, voluntad, fuerza psíquica superior, recuerdo
- Faculta la visualización
- Comprensión ilimitada
- Aumenta la intuición

6. Ejercicios con cristales y sexto chakra

Estado y estimulación del tercer ojo

Nuestro tercer ojo es la puerta a un mundo maravilloso, al mundo de nuestra intuición, clariconocimiento y escucha interior que nos harán estar conectados con nuestro Yo Superior, así como con seres y Maestros ascendidos.

La visión a través del tercer ojo se puede entrenar

Basta con que comiences a ser más consciente de ti mismo, de las reacciones de tu cuerpo, de lo que te dicta la intuición, esa vocecilla que diríamos que nos habla con nuestra propia voz y que pudiera parecer la mente, pero que no lo es. De hecho, el alma habla antes que la mente. Por eso se dice que la primera impresión es la que vale, porque es la de la intuición y no la que ha pasado a través de la mente y el raciocinio.

A partir de este momento, nos vamos a centrar en nosotros mismos, en escuchar y sentir todos los tirones que el cuerpo nos suele dar al cabo del día.

Cuando empecé mis observaciones, prestaba atención a localizar la parte del cuerpo donde se estaban produciendo esas manifestaciones, sobre todo en qué chakras tenían lugar. Curiosamente, cuando se trataba de temas que afectaban a mi seguridad más primaria, notaba claramente un tirón en el chakra 1 y 2. Cuando empecé a ser consciente de eso, pude eliminar el factor miedo y quedarme con el resto de la experiencia, con lo cual mi intuición y mi visión se fueron agudizando.

La visión con el tercer ojo no es igual para todo el mundo

Unos ven colores, otros caras, otros ven formas como de un caleidoscopio, aros de luz, círculos, ojos, otros no ven nada, pero escuchan… Los hay que ni ven ni oyen, pero reciben mensajes a través de las sensaciones o los plasman en pintura. Hay mil y una forma de sentir y todas son correctas, pues cada uno es único. Es inútil compararnos con los demás o querer hacer lo que hacen, pues nuestras capacidades son únicas. Solo has de descubrir cuál es tu forma, cuál es tu don.

Para comenzar, podemos cerrar los ojos y fijar la atención en nuestro entrecejo. Es posible que notes como si tuvieras un foco delante de los ojos o que incluso con los ojos cerrados y a oscuras, si pasas la mano por delante, eres capaz de intuir cuándo hay un objeto frente a ti y cuándo no.

Para estimular la apertura de nuestro sexto chakra, cerramos los ojos. Dirigimos nuestra vista al entrecejo y forzamos un poco la tensión en los ojos, pero sin hacernos daño. Ahora, golpea con el dedo índice en tu entrecejo y da diez golpes sordos mientras repites TA-TA-TA. Visualiza cómo entra luz por tu tercer ojo y permite que se abra.

Cuando el sexto chakra está muy estimulado, puedes recibir tal cantidad de imágenes y colores que seas incapaz de procesarlos todos.

Repite este ejercicio durante siete días para activar y expandir tu tercer ojo.

Equilibrio chakra posterior-anterior

A nivel de glándulas, ya vimos cómo el hipotálamo recibe la información a través del chakra corona y la transmite a la glándula pineal, la cual muestra lo que cree que ve.

Vamos a observar antes de comenzar a trabajar cómo está percibiendo nuestro chakra sexto y si hay diferencia entre la imagen que recibe y la que emite.

Al igual que hiciéramos con el quinto chakra, vamos a proyectar el chakra sexto posterior y anterior en dos figuras. Vamos a dejar que se expresen como quieran; limítate a observar cuál es su reacción y su comportamiento.

Completa en tu cuaderno lo que hayas percibido durante el ejercicio.

Pasados unos minutos, colócate una amatista en el sexto chakra delantero y rodea la escena anterior con esta luz malva.

Observa la escena nuevamente y fíjate si en algo ha cambiado.

Anota en tu cuaderno las observaciones correspondientes a este segundo ejercicio.

TERCER OJO

Situación inicial: ....
....

Lado activo: .... Lado pasivo: ....

....

....

....

....

....

....

....

....

....

TERCER OJO

Situación inicial: ....
....

Lado activo: .... Lado pasivo: ....

Trabajar la expansión del tercer ojo

Además de la amatista hay otros cristales que potencian y ayudan con las visualizaciones. Busca en tu colección alguno o hazte con el que más llame tu atención:

Pietersita, prehnita, charoíta, cuarzo rutilado, sugilita, cuarzo visión…

Hay que encontrar aquel que es más adecuado para nosotros y trabajar con él. Sincronizarnos con sus vibraciones y no condicionar las respuestas que nos pueda dar es fundamental para llegar a tener éxito en nuestra comunicación con ellos. Tampoco hay que asustarse. No te llegará nada que no sepas manejar. Tus Maestros y Guías velan por ti y tu alma dispuso así la información que ahora recibes. Este es el momento. Aquí y ahora. Coge tu cristal y comienza a comunicarte con él.

Coloca el cristal que has escogido en tu tercer ojo. Antes de comenzar a trabajar, recuerda conectarte fuertemente a Tierra, para estar bien anclado y bajar toda la energía que recibas hasta los pies. Realiza varias respiraciones profundas y ve relajando tu cuerpo. Centra tu atención en tu tercer ojo y, con los ojos cerrados, enfoca tu vista hacia él. Permite que llegue a ti la energía y vibración de este cristal. Realiza el ejercicio al menos durante veinte minutos.

Al finalizarlo, haz las anotaciones en tu cuaderno de trabajo.

Si prefieres profundizar con alguno de ellos, realiza el seguimiento durante veintiún días. Puedes llevar tu cristal siempre contigo en el bolsillo o como colgante. En el mercado existen jaulas metálicas donde colocar los cantos que no tienen agujeros para poder llevarlos colgados todo el tiempo. Busca el método que más cómodo te resulte.

TERCER OJO

Meditación con el cristal: ....
....
Comentarios: ....
....

DÍA 1: ....
DÍA 2: ....
DÍA 3: ....
DÍA 4: ....
DÍA 5: ....
DÍA 6: ....
DÍA 7: ....
DÍA 8: ....
DÍA 9: ....
DÍA 10: ....
DÍA 11: ....
DÍA 12: ....
DÍA 13: ....
DÍA 14: ....
DÍA 15: ....
DÍA 16: ....
DÍA 17: ....
DÍA 18: ....
DÍA 19: ....
DÍA 20: ....
DÍA 21: ....

Entrada a los cuerpos físico, mental, emocional y espiritual

A través del tercer ojo, vamos a acceder a la visualización de nuestros cuatro cuerpos. Usaremos una azurita como puerta de acceso a estas dimensiones de nuestra existencia. Completaremos el ejercicio con una idocrasa para el cuerpo físico, una fluorita para el cuerpo mental, una malaquita para el cuerpo emocional y una amatista para el cuerpo espiritual.

Recuerda conectarte fuertemente a Tierra antes de comenzar. Cuando no estamos bien anclados a Tierra, más aún trabajando con altas cotas y vibraciones, podemos percibir un mareo o la sensación de que se nos va la cabeza. Todo ello es indicativo de que tienes que afianzarte aún más a tierra. Cuando lo hagas, los efectos pasarán.

Recuerda que tus cristales deben estar limpios, activados y programados antes de comenzar el ejercicio.

Realizamos varias respiraciones profundas y nos colocamos la azurita en el tercer ojo.

Dejamos que su color azul vaya penetrando y nos franquee el acceso a nuestro interior.

El color azul se va desvaneciendo y nos permite ver una imagen. Nos encontramos en una sala muy lujosa, con cuatro espejos en el centro. Percibimos que no estamos solos. Nos damos la vuelta y vemos que nuestros Maestros y Guías nos acompañan. Siempre están con nosotros para darnos fuerza y apoyo.

Coloca la idocrasa en el tercer ojo y acércate al primer espejo. Este se corresponde con tu cuerpo físico.

Observa el reflejo de tu cuerpo físico, tus cicatrices, magulladuras y demás energía atascada de esta u otras vidas. Observa, no juzgues. Cuando sientas que han aflorado todas las causas, rodea el espejo con la llama violeta de la transmutación y libera esas energías atascadas convirtiéndolas en luz.

Coloca la fluorita en tu frente y dirígete al segundo espejo, en él podrás ver reflejado tu cuerpo mental. Este espejo te mostrará todos los patrones limitantes, condicionantes, tradiciones arcaicas, limitaciones que viven en tu árbol genealógico... Deja que una a una se vayan mostrado y rodéalas con la llama morada. Transmuta todas estas energías en luz.

Es el turno ahora del cuerpo emocional. Sitúate delante del siguiente espejo y coloca la malaquita en tu frente. Disponte a mirar el espejo, te mostrará apegos, chantajes emocionales, lazos que te atan, relaciones mal entendidas, relaciones tóxicas, conflictos... Rodéalos uno a uno con la llama morada y transfórmalos en luz.

Por último, dirígete al espejo de tu cuerpo espiritual. Contémplalo y recuerda siempre que eres un maravilloso Ser de Luz. Permite que te muestre toda la Luz que hay en ti. Acéptala.

Rodea toda la estancia con luz malva antes de salir y transforma en luz toda la energía que se ha liberado.

Anota en tu cuaderno la experiencia vivida

CUERPOS MULTIDIMENSIONALES

Cuerpo físico: .... Cuerpo mental: ....

....
....
....
....
....
....
....
....

Cuerpo emocional: .... Cuerpo espiritual: ....

....
....
....
....
....
....
....
....

Tratamiento para el dolor de cabeza

Hay varias formas de tratar los dolores de cabeza, todo depende de qué tipo sean.

Cuando se produce por una acumulación de estrés, nerviosismo o tensión es recomendable usar una amatista. La amatista tiene la particularidad de relajar o excitar un órgano en función de cómo se haya alterado su normal comportamiento. Es igualmente beneficiosa para tratar problemas de insomnio, o para ayudarnos a conciliar el sueño, pues relaja la mente de la cháchara diaria, permitiendo alcanzar un estado de relajación y quietud propicios para conciliar el sueño.

Coloca tu amatista en el tercer ojo durante unos veinte minutos, o más si lo necesitas, y disfruta de este tiempo de paz y quietud.

Cuando el dolor de cabeza se siente como una presión por dentro, como algo sordo, es posible que se trate de un bloqueo de la glándula pineal o se deba a que estás recibiendo más energía, y en algún punto se produce un cuello de botella que impide o ralentiza el paso de energía.

En ese caso, lo mejor es usar un cuarzo blanco y visualizar el canal de luz que entra por nuestro chakra corona bien abierto. Permaneced con el cristal durante veinte minutos y el dolor se irá.

La piedra shungit es excelente para tratar los dolores de cabeza producidos por estrés geopático y por estar demasiado tiempo en contacto con aparatos electrónicos. Colocad la shungit en la nuca.

Es tu turno...

Ejercicios prácticos de la unidad

1. Realiza el ejercicio de estimulación y apertura del tercer ojo siete días consecutivos. Anota tus impresiones día a día.

2. Elige al menos dos cristales diferentes para realizar el ejercicio de expansión del tercer ojo. ¿Has notado diferencia?, ¿has accedido al mismo tipo de información? Anota tus impresiones.

3. Vuelve a realizar el ejercicio de los cuatro cuerpos. Anota tus impresiones.

4. Trabaja tu intuición. Cada noche, elige uno de tus cristales que resuenen con el tercer ojo y duerme con él bajo la almohada. Anota día a día tus sueños o visiones.

Puedes enviar tus respuestas a cristalesychakras@gmail.com y recibir un comentario sobre ellas.

Meditación

La llama morada de Saint-Germain transmutadora de karma

El rayo o llama morada de Saint-Germain resuena especialmente con este chakra, por el color y por la multidimensionalidad.

A través de nuestro tercer ojo, accedemos a otras realidades que vivimos paralelas a esta encarnación. Pasado, presente y futuro coexisten en el mismo instante. Por ello, actuando sobre nuestro momento presente y liberando energías atascadas en este tiempo, actuamos también allí donde se estaban manifestando.

Llevamos muchas vidas inmersos en la rueda de la reencarnación, viviendo un karma que tratamos de equilibrar, restablecer y liberar. Para salir de esa rueda y dejar de generar más karma, podemos hacer uso del rayo morado.

Esta energía «quema» esa energía, transformándola en luz y devolviéndola a la fuente originaria, por lo que nos libera de tener que seguir en el proceso.

Nos conectamos a tierra. Elegimos un cordón de color morado y nos sentimos bien anclados a tierra, sentimos cómo nos tira y nos agarra la energía de la tierra.

Cogemos el cristal que queramos para este ejercicio, bien puede ser la sugilita o la tanzanita que resuenan especialmente con la energía de la llama morada.

Respiramos lentamente y centramos nuestra atención en nuestro tercer ojo.

Sentimos la conexión con nuestro Yo superior, con la fuente, y abrimos nuestro tercer ojo a esta realidad multidimensional.

Nos dejamos regar por toda esta mágica energía. Respiramos y nos expandimos, sintiendo profundamente la conexión con cada una de nuestras células.

Visualizamos ahora cómo una nube de color morado nos envuelve. Esta luz nos va despojando de cuantas energías estaban acumuladas en nuestra aura. Las entregamos a la llama transmutadora de la luz malva. Sentimos cómo nos liberamos.

Agradecemos a Saint-Germain y a la intervención de la llama morada esta limpieza de aura.

Es el momento de manifestar nuestros decretos si así lo sentimos.

En nombre de mi amada y divina presencia, Yo Soy.

Yo soy Luz.

Yo soy amor.

Yo soy uno con la llama morada.

y entrego estas energías a su fuego purificador.

Que así sea, así es, hecho está.

Chakra séptimo 17

1. Relacionado con...

El cuerpo espiritual. Color blanco.

Situado en la coronilla. Está relacionado con la comunicación espiritual y la conciencia

Cuando está equilibrado, nuestra espiritualidad se potencia, nuestra comunicación con nuestro YO Superior.

Cuando está desequilibrado, podemos sentir obsesión y control por otros, o se producen interferencias en nuestra canalización.

A través de este chakra recibimos la energía universal que riega nuestro cuerpo y nuestros chakras. Nos conecta con el energía del Padre al igual que el chakra Estrella de la Tierra lo hiciera con el de Madre.

En esta unidad trabajaremos para potenciar nuestro canal de luz. Esa luz que lleva hasta nuestro hipotálamo la información que luego traducirán nuestras glándulas y en función de la cual actuaremos de una manera u otra.

Entendemos este punto como fundamental, pues es el punto de entrada a este cuerpo físico.

Nuestro Ser se empieza a manifestar a partir de lo que traduzca que le llega de este punto, de ahí su importancia.

2. Test sobre el estado de tu chakra séptimo

Contesta sí o no a las siguientes preguntas.

Después, consulta los resultados en la página 319. Para complementarlo, puedes hacer uso del péndulo y comprobar la amplitud y sentido de giro.

Estará abierto cuando gire en sentido horario y tenga gran amplitud, sin llegar a ser excesiva y estar el péndulo casi horizontal.

Estará cerrado cuando gire en sentido antihorario y/o la amplitud sea muy pequeña o excesivamente grande.

PREGUNTAS	Sí/No	Puntuación
Vivo abiertamente mi espiritualidad		
Me siento conectado a todo lo que me rodea		
Siento que soy parte del Cosmos		
No tengo conciencia de unidad con el prójimo: «yo soy yo y tú eres tú»		
No me considero un intelectual		

Resultados:

— 3 puntos: chakra abierto

— De 0 a 3 puntos: cerrado o parcialmente cerrado

3. Cristales chakra séptimo (cristales blancos)

- Cuarzo blanco
- Apofilita
- Citrino
- Diamante hermirker

- Moldavita
- Prehenita
- Cianita
- Angelita

Son muchos los cristales que podemos usar en este chakra, tanto para abrir bien el canal como para establecer comunicación con nuestro Ser Superior o nuestros Maestros y Guías.

Identifica los cristales que tienes en tu colección y disponte a practicar con ellos. Habla con ellos y deja que te cuenten para qué han llegado a ti en este momento.

Completa la ficha de cada cristal.

Dado que estos cristales son de muy altas vibraciones y te van a aportar sin duda alguna una maravillosa experiencia, te invito a pasar al menos una semana con cada uno para así compenetrarte aún más con sus vibraciones.

NOMBRE:
Fecha:
Posición del cristal:
Sensaciones físicas:
Sensaciones mentales:
Sensaciones emocionales:
Otras observaciones:

FICHA DEL CRISTAL

NOMBRE:
Chakra dominante:
Órganos sobre los que trabaja:
Cuerpos en los que trabaja:

Activación chakra: ....

Fecha: ....

1.er día: ....
....

2.º día: ....
....

3.er día: ....
....

4.º día: ....
....

5.º día: ....
....

6.º día: ....
....

7.º día: ....
....

Conclusiones: ....
....
....
....

4. Capa séptima del aura y séptimo chakra

Relacionada con el séptimo chakra, es la capa de la iluminación.

Bien equilibrado, sentiremos la conexión del Universo en nosotros y podremos integrar la sabiduría de nuestro Ser. En estado alterado, podemos tener sentimientos de grandeza, delirios o no sentirnos realmente conectados.

Trabajar día a día con nuestra espiritualidad favorecerá el buen estado de este chakra y reforzará nuestra conexión. Igualmente, reforzará nuestro campo energético, nuestra aura, fortaleciéndonos frente a agresiones externas o vampiros energéticos.

5. Órganos relacionados

Chakra 7 (en corona):

- Equilibra el entendimiento
- Glándula pituitaria
- Sistema endocrino
- Sistema nervioso central
- Corteza cerebral

6. Ejercicios con cristales y séptimo chakra

Cuatro cuerpos, cuatro cristales. El camino de la intuición

Hemos hablado de dejarnos llevar por la intuición a la hora de elegir los cristales. Pero la manera en la que elijamos esos cristales se va a corresponder con uno de nuestros cuerpos y, por tanto, con un mensaje.

Vamos a elegir los cuatro cristales con los que realizaremos el ejercicio. Para ello, ponlos delante de ti y cierra los ojos.

Abre los ojos y elige el primer cristal que llame tu atención. Este será el de tu cuerpo emocional.

Cierra nuevamente los ojos y pasa la mano por encima de tus cristales. Con los ojos cerrados, elige uno cuando sientas que tu cuerpo así te lo está pidiendo. Este será el cristal del cuerpo físico.

Solicita ayuda a alguien que esté contigo y pídele que diga alguna palabra relacionada con cada cristal, pero que no sea una palabra clave. Elige aquella que resuene especialmente en tu cabeza. Así escogerás el cristal de tu cuerpo mental.

Tapa ahora tus cristales y, con los ojos cerrados, elige uno totalmente a ciegas. Este se corresponderá con tu cuerpo espiritual.

> «Lo semejante atrae a lo semejante».

Anota en tu cuaderno de trabajo el cristal correspondiente a cada cuerpo. Observa tus anotaciones anteriores si lo experimentaste en algún otro chakra. ¿Qué sabes de este cristal?, ¿de sus propiedades?

Colócate el cristal en el chakra corona y experimenta con él. Empieza por el cuerpo físico, luego el mental, el emocional y el espiritual.

Deja que cristal te cuente para qué momento o vibración ha llegado a ti. Déjate invadir por la vibración del cristal y permite que lleguen a ti las imágenes que necesites.

Anota tus impresiones en el cuaderno y completa tu trabajo, si fuera necesario, actuando sobre algún chakra relacionado con la visualización.

CUATRO CAMINOS DE LA INTUICIÓN

Cuerpo físico: MANO   Cuerpo mental: PALABRAS

....

....

....

....

....

....

....

Cuerpo emocional: VISTA   Cuerpo espiritual: TAPADO

....

....

....

....

....

....

....

Equilibrar la energía del cuerpo. Lemniscata

Nuestro cuerpo está conectado con la Madre a través del chakra de los pies y con el Padre a través del chakra corona.

Cuando la energía del cuerpo no está equilibrada, podemos apreciar cómo el aura es más ancha por una parte que por otra.

Puede ser en la parte superior, si nos cuesta bajar la energía hasta el suelo, es decir, si nos cuesta trabajar en esta dimensión y con el mundo físico. También podemos apreciar diferencias cuando somos muy mentales y racionales con todos los temas.

Para equilibrar nuestra energía y transformar nuestra aura en una forma armónica, vamos a usar un símbolo: el lemniscata o símbolo del infinito.

Esta forma tiene la particularidad de que aparece siempre unida, no tiene principio ni fin, pues todo fluye y vuelve una y otra vez.

Como es arriba, es abajo.

Realizando este símbolo sobre nuestro cuerpo, igualaremos la energía de la cabeza con la de los pies y, por extensión, la de todo el cuerpo, pues se irá regulando hasta que todos los puntos estén a igual vibración.

Elegid tres cristales.

Uno que resuene con cotas elevada de vibración como el diamante hermirker, la cianita o el cuarzo blanco.

Otro para el segundo chakra, como la cornalina, el jaspe rojo

Y un tercer cristal para los pies: el ojo de tigre, el cuarzo ahumado o el ágata negra.

Para este ejemplo, voy a coger el ojo de tigre, una cornalina y una cianita. Sentaos en el suelo.

Coloca el ojo de tigre junto a tu pie izquierdo.

Túmbate poco a poco y coloca la cornalina en el segundo chakra.

Completamente tumbado, estira el brazo derecho por encima de la cabeza y deja la cianita.

Ahora, desde la cianita, comienza a trazar un infinito que pase por todos los cristales y que te deje en el centro. En cuanto al sentido: baja por el superior izquierdo e inferior derecho y sube por el lado contrario.

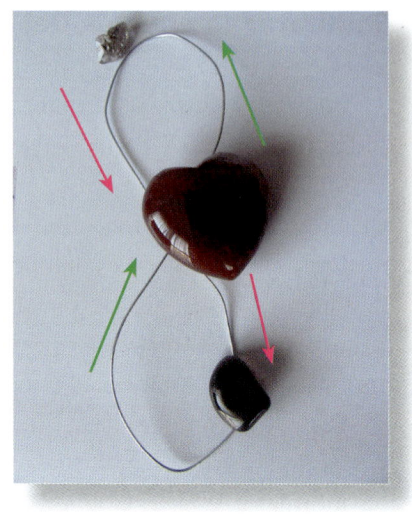

Realiza mentalmente esta composición y permanece tumbado veinte minutos.

Para retirar los cristales, comienza por el superior y continúa en orden hasta los pies.

Se recomienda hacer este ejercicio cada vez que sintáis que no estáis en equilibrio o cuando la energía que os llegue sea muy potente. Os equilibrará.

Equilibrio interno. Canales del cuerpo

Hemos hablado de ello: nuestro cuerpo no es solo físico, tenemos más cuerpos y la armonía en todos ellos se hace necesaria para estar equilibrados, bien comunicados y para gozar de buena salud en todos ellos.

Además de los siete primeros chakras, sin contar con el chakra estrella de la tierra, tenemos otros superiores que llegan hasta veintidós. Con la meditación y con cristales con vibración cada vez más elevada, podemos abrir e integrar la energía de estos chakras superiores en nuestros cuerpos físicos.

Podemos usar la forma mercaba colocada en el octavo chakra para abrirlo. Colocando un diamante hermirker ayudaremos a integrar esas energías en nosotros.

Mediante los cuarzos maestros podemos trabajar los chakras superiores accediendo a estas energías divinas.

Podemos comenzar a trabajar con nuestros chakras superiores cuando así lo sintamos. El octavo chakra se encuentra como a 50 cm por encima de la cabeza. Para abrir aún más su conexión con nuestro cuerpo físico, usaremos un cristal con forma geométrica mercaba a modo de llave.

Elige el material de tu mercaba de acuerdo a tus preferencias. Recuerda limpiarlo, activarlo y programarlo antes de realizar el ejercicio.

OCTAVO CHAKRA

Mercaba de cristal: ....
....
....
....
....
....
....
....
....
....
....
....
....
....
....
....
....
....
....
....
....
....

Conéctate fuertemente a tierra. Establece un cordón bien sólido. Ya sabes que cuando trabajamos con energías elevadas es fácil sentir cómo nos llevan, cómo perdemos el suelo bajo nuestros pies.

Túmbate y estira tu brazo. Coloca tu mercaba y permite que se abra este centro de luz.

Cuando finalices el ejercicio, puedes realizar una forma geométrica lemniscata para bajar esa energía hasta los pies. Usa algún cristal especial para conectarte a tierra, como unas piedras boji o un cuarzo ahumado, para que te encuentres nuevamente con los pies en la tierra.

A modo de resumen, esto es lo que tratan los siguientes chakras que podrás ir experimentando poco a poco según se eleven tus vibraciones.

Octavo chakra: Activa el centro de herramientas espirituales, centro de energía de amor divino.

Noveno chakra: El alma azul, la totalidad de herramientas del individuo y habilidades de aprendizaje en el tiempo de una vida.

Décimo chakra: Creatividad divina.

Undécimo chakra: Herramientas avanzada de espiritualidad, telekinesis, bilocalización, teletransportación.

Duodécimo chakra: Conexión con el Cosmos, conexión con el nivel inferior de divinidad.

Acceder a tus Registros Akáshicos

Ya comentamos que detrás de las orejas está el chakra de vidas pasadas y vimos cómo conectar con este punto para contemplar la situación que vivimos desde una posición más elevada.

Es posible conectar con nuestro Akasha trabajando con nuestros chakras superiores, pues nuestra alma es multidimensional y, al abrir-

CHAKRAS SUPERIORES

Octavo chakra: ....
....
....

Noveno chakra: ....
....
....

Décimo chakra: ....
....
....

Undécimo chakra: ....
....
....

Duodécimo chakra: ....
....
....

nos a la sabiduría de nuestro Yo superior, accedemos a todos nuestros Registros.

Hay varios cristales que resuenan con los Registros Akáshicos. Elige el que más llame tu atención y empieza trabajando con él en tu chakra corona para posteriormente ir subiendo a los chakras superiores.

Es un trabajo lento y progresivo y acorde a tu vibración global. Ten paciencia y poco a poco lo lograrás.

Colocando cristales ahí que sean afines a esa vibración, podemos abrir nuestros registros.

Puedes usar: moldavita, fenacita, tanzanita, cuarzo catedral, cuarzo hoja, apofilita, lepidolita, merlinita y pietersita.

REGISTROS AKÁSHICOS

Cristal elegido: ....

....

....

....

....

....

....

....

....

....

Es tu turno...

Ejercicios prácticos de la unidad

1. Practica durante siete días la forma geométrica lemniscata sobre tu cuerpo.

2. Practica durante veintiún días la apertura de tu octavo chakra. Realiza un seguimiento y anota tus impresiones diarias.

3. Elige un cristal de alta vibración y practica la apertura de Registros akáshicos.

Puedes enviar tus respuestas a cristalesychakras@gmail.com y recibir comentarios sobre ellas.

Meditación

Mi querido amigo, has recorrido un largo camino, pero hoy, nuevamente, vuelves a tu casa.

Cierra los ojos, siéntete fuertemente conectado a Tierra y respira pausadamente. Tu cuerpo mercaba de luz ha sido activado y, como un vehículo, te transporta a otro tiempo y lugar.

Estás en una tierra que no te es extraña. De inigualable belleza y color. Todo parece como en un sueño, pero es real, lo puedes tocar.

Contemplas la maravillosa naturaleza que te rodea. Cascadas de agua que bien pudiera ser rosada, cristales que crecen como si de flores se tratase, árboles frondosos...

Avanzas por el camino y al fondo divisas lo que parece una construcción de cristal. Es una pirámide, en cuyo vértice puedes distinguir como un Sol de luz blanca.

Un Ser mágico se acerca a ti. Te entrega una túnica blanca y una corona hecha de cuarzos y cristales preciosos. Los demás habitantes de este mágico lugar te abren paso en tu avance hacia la gran pirámide. Reconoces algunas caras, ves a viejos amigos... Te sientes tan feliz de haber vuelto...

La música suena en tu honor. Se celebra una gran fiesta por ti, por tu regreso.

Llegas al templo y te dispones a subir las escaleras de acceso. El maestro del templo y la sacerdotisa te reciben en la entrada. Te abrazan y te acompañan hasta el centro, donde una cascada de agua que baja desde el mismo vértice riega un canal mágico.

Ha llegado el momento.

Has trabajado duramente durante este tiempo y has ido recordando lo que eres y cuál es tu don. Ahora es el momento de que nuevamente uses tus cristales para aquello que ya sabes hacer.

Introduce las manos en el agua y saca tus cristales de poder.

Haces lo que te indican y sacas tus cristales. Obsérvalos. Estos son tus cristales de poder. Estos cristales te ayudarán en tu maestría y a seguir elevando tus vibraciones.

Te acompañan ahora a una pantalla donde, al activar un botón, te muestran retazos de tus vidas pasadas usando esos cristales.

Comienzas a recordar y a integrar en tu conciencia la sabiduría de esas vidas.

Agradecemos al maestro, sacerdotisa y demás habitantes del templo esta experiencia de unión con nuestro Ser superior.

Abandonamos el templo y nos disponemos a celebrar la vuelta a casa con nuestros amigos.

Disfruta de la fiesta. Bienvenido a casa.

18
Ejercicios combinados de varios chakras

Ahora que ya sabes cuándo identificar que un chakra está equilibrado o desequilibrado y los cuerpos o energías que influyen en él, podemos empezar a tratar el cuerpo en toda su multidimensionalidad.

A la hora de abordar una dolencia o una situación que nos cause dolor, miedo o incertidumbre, vamos a ir por partes, desgranando cada una de las emociones que sentimos para poder tratarlas por separados pero a la vez conjuntamente.

Al igual que comentábamos al principio del libro, donde se recomendaba una sesión de equilibrado de chakras, en este momento se hace más necesario que nunca. No solo es cuestión de que los chakras estén abiertos y equilibrados, también es necesario que estén sincronizados para que el flujo de energía se establezca armónicamente entre todos ellos.

En nuestro proceso de utilizar los cristales como herramientas de sanación, no podemos olvidar que antes de usarlos tienen que estar limpios, activados y programados.

En cuanto a nosotros, es fundamental que nos conectemos muy bien a tierra, máxime cuando trabajemos con cristales de vibraciones muy elevadas. Hay que sentir los pies en la tierra con la cabeza mirando al cielo.

Por muy bien que te encuentres en cotas superiores de energía, recuerda bajar toda esa vibración hasta los pies, pues estás haciendo un trabajo muy importante y necesitas mantenerte bien fuerte en tu encarnación. Elevar la conciencia y recuperar tus Registros mientras estás encarnado es un paso que nunca antes se ha hecho, pero eso es lo maravilloso de cada vida. Aprender algo nuevo. Aceptarnos como somos y amar el momento que hemos elegido vivir.

Preparación de cuerpo

Prepara tu colección de cristales y en primer lugar elige ocho para tratar cada uno de los chakras. Elígelos en primer lugar por color afín a ese chakra.

Prepara el sitio para estar relajado y que te ayude a conectar con ese momento; un poco de música suave, tu incienso favorito, vestir de color blanco o claro, ya que los colores de la ropa ejercen influencia también sobre el cuerpo.

Túmbate y colócate cada uno de tus cristales en el chakra correspondiente, a ser posible, sobre la piel. Permanece en esta postura durante veinte minutos.

Pasado este tiempo, observa tu cuerpo. ¿Dónde está localizada tu dolencia? ¿A qué chakras puede estar afectando? ¿Se trata de un dolor físico o emocional?

El uso de los cristales no exime de hacer caso de las indicaciones del médico. Los cristales actúan por vibración disolviendo los bloqueos energéticos que causan las dolencias en el cuerpo físico, pero eso no implica dejar de atender el cuerpo físico durante la recuperación. La sanación ha de entenderse globalmente: cuerpo, mente, alma y espíritu.

Ejercicios en varios chakras

Vamos a ver una serie de ejercicios donde trataremos varios chakras dentro de la misma dolencia, para que la acción sea lo más global posible.

Utiliza lo que te resuene y crea tu propia construcción siguiendo tu intuición.

Equilibra tus chakras con prasiotrinos

El cuarzo prasiotrino es un cristal de la nueva era descubierto hace pocos años en Brasil. Recibe este nombre de su composición: cuarzo prasio, citrino, cuarzo verde y amatista.

La vibración de este cristal es muy sutil y a la vez muy potente. Al activarlo en una sanación, entran a trabajar tres llamas: la llama dorada, la llama verde y la llama morada, y por ende, Saint Germain y San Miguel, San Rafael y San Jofiel.

En este primer ejercicio, vamos a limpiar y a equilibrar nuestros chakras con este cristal. Solo necesitas un trinity, es decir, un cristal que contenga los cuatro colores. Durante el proceso vamos a ir poco a poco trabajando la visualización, por lo que con un cristal es suficiente.

Comenzamos preparando el cristal. Limpieza, sincronización y programación.

Siéntate o túmbate, como prefieras. Realiza varias respiraciones profundas y ve relajando la mente y centrando la atención en el corazón. Siente tu cuerpo. Visualízate dentro de una pirámide protectora.

Comenzamos por el chakra estrella de la tierra. Coloca el cristal entre tus pies. Visualiza tu chakra y cómo un chorro de luz blanca incide sobre él. Seguidamente, se activa el primer círculo concéntrico de color dorado, después, otro verde más exterior y por último, otro de color morado.

La luz incide y comienza a aflorar todo aquello que ralentiza tu energía. Pasa por el filtro dorado de la llama de la Resurrección que nos recuerda que somos Seres divinos, es rodeado por la llama verde del Amor Incondicional y sanación, y se quema y transmuta por el morado de la llama de la transmutación kármica.

Realiza la misma operación chakra a chakra.

Detente en cada uno el tiempo que necesites. Es posible que durante el ejercicio te llegue alguna imagen o sentimiento de algún tema que conoces. Acéptalo y entrégalo como amor y respeto al trío de llamas para transmutar esa energía nuevamente en luz.

Cuando termines, permanece dentro de la pirámide y deja que la luz y el trío de llamas trabajen todo tu cuerpo en conjunto.

Esta pirámide es un lugar seguro custodiado por tres grandes Maestros. Puedes abandonarte sin miedo alguno a la experiencia y permitir que se liberen viejos patrones limitantes.

Labradorita y luna nueva

Este ejercicio es para todo el mundo, hombres y mujeres. Aunque es cierto que la luna influye especialmente en las mujeres y su ciclo reproductor, también regula nuestras emociones. Sabemos la influencia que tiene la luna sobre el agua y, por tanto, sobre las emociones del cuerpo.

La labradorita es una piedra protectora que potencia nuestra transformación y prepara el camino de ascensión. Además, es una piedra mágica que saca a relucir nuestros dones ocultos, permitiendo que mostremos lo que tenemos bien guardadito.

En tiempo de luna nueva, nos ayuda a mirarnos en esos puntos sobre los que aún nos queda aportar luz, nuestra cara oculta. Se trata de temas que nos quedan por descubrir y transformar en luz.

No podrás conocerte hasta que no veas tu luz y tu sombra y las ames y las aceptes por igual.

En primer lugar, la preparación, ya sabéis: limpieza, activación y programación del cristal.

Después, nos colocaremos la labradorita en el chakra correspondiente al tema que queramos trabajar:

Chakra primero: Todo lo relacionado con aspectos de supervivencia y seguridad.
Chakra segundo: Temas sentimentales y sexuales.
Chakra tercero: Temas mentales y relaciones sociales.
Chakra cuarto: Corazón y temas sentimentales.
Chakra quinto: Expresión del Ser.
Chakra sexto: Intuición, clarividencia.
Chakra séptimo: Elevación del Ser.

El tiempo mínimo será de veinte minutos en cada chakra a tratar.

Es posible que os vengan temas pendientes, miedos, situaciones bloqueadas, que veáis alguna imagen... que experimentéis sensaciones: nerviosismo, calor, frío, tranquilidad...

Recordad que cada uno percibe de una manera, ni mejor ni peor que la de otro, pues es la de uno mismo. Cuanto más practiquéis, más conoceréis vuestra propia forma de percibir la respuesta de los cristales. No pongáis intención en la forma de percibir, os llegara de la mejor manera que podáis entender.

Durante los días de luna nueva a creciente, llevad la labradorita con vosotros y repetid el ejercicio cuantas veces consideréis. Dormid con ella bajo la almohada para potenciar aún más el trabajo y obtener sueños relacionados.

Que tengáis una maravillosa y regeneradora luna nueva.

¿Se acabaron las ganas de sexo?

Con el estudio de glándulas del cuerpo, vimos que nuestra tiroides envía comunicación a las gónadas, en función del mensaje que quiere transmitir.

Cuando nuestra líbido está baja, estamos presentando una alteración en varios puntos:

- En la zona del chakra quinto (algo no comunico de acuerdo a mi verdad)
- En la zona del chakra segundo (mi creatividad está estancada, bloqueada)
- En el chakra primero (cuestiones primarias alteradas)

Es posible que más puntos se vean afectados, como el chakra cardiaco, si está ligado a una relación en concreto, a nuestro plexo solar si tenemos algún problema con la relación con los demás…

Esta situación se da en más ocasiones de las que pensamos. No se trata de un tema que apetezca reconocer abiertamente. Somos seres sexuales y, para que nuestro cuerpo funcione en toda su plenitud, no podemos obviar ningún tema.

Recordar que la energía líbido es la energía creadora del cuerpo, es la manifestación de tu Ser, y cuanto más alejado te sientes de ti mismo, más se va debilitando, hasta el punto de que alcanza un estado mínimo en el que en lo último que piensas es en tener relaciones.

La energía sexual es muy poderosa. A través de ella podemos conseguir la expansión de la conciencia. Es un camino hacia la ascensión del hombre.

La energía kundalini se activa desde el primer chakra y va recorriendo el cuerpo y todos los chakras hasta llegar al corona, donde se expande y se abre a la Energía Universal.

A la hora de tratarlo, vamos a actuar en los chakras antes mencionados. Si consideras que en tu caso hay algún tema más, incorpora los cristales que necesites para tratarlos.

Coloca una azurita en tu chakra garganta, una cornalina en el chakra segundo y un granate o shiva ligam en el chakra primero. Estos dos cristales trabajan muy bien la ascensión de la energía kundalini del cuerpo.

En estado tranquilo, realizamos varias respiraciones profundas y nos conectamos fuertemente a tierra. Visualizamos varias veces el flujo desde la tierra y cómo baña nuestros chakras primario y secundario. Si dispones de tambor chamánico o de música de tambores, te ayudarán a sincronizar tu energía con el latido de la tierra.

Visualiza cómo la energía de tu cristal envuelve tu chakra primero. Cómo se va fusionando y calentado con cada circulación con la tierra. Permanece con este ejercicio hasta que sientas que te recorre una energía fuerte y vibrante. Desde ahí, eleva esa energía hasta tu chakra corona. Sube por la espalda, chakra a chakra, y baja por la parte delantera del cuerpo, chakra a chakra.

Repite este ejercicio hasta que notes cómo el flujo de energía sube y baja sin obstáculos.

Repite el ejercicio durante siete días.

Acompáñalo de una meditación consciente sobre tu relación de pareja o sobre lo que opinas acerca de las relaciones sexuales. Una pareja que se rompe y que ya no sigue los mismos pasos, pensamientos condicionantes sobre el sexo, una mala experiencia pasada, haber sufrido una desvalorización o el haber sido utilizados por una persona que no se ha comprometido con nosotros puede afectarnos en la manera de vernos como seres sexuales sanos.

Realiza los ejercicios para liberarte de lazos de energía compartida si es el caso y libérate de su influencia. Recupera tu energía. Recupera tu poder.

Integración en el cuerpo de momentos energéticos importantes: eclipses, conjunciones, alineamientos…

Energéticamente, recibimos la influencia de los astros sobre nosotros. Nos influyen los planetas, las radiaciones que emite el sol, las cuadraturas, conjunciones, eclipses, alineamientos…

Transitamos un periodo en el que la actividad astronómica es bastante compleja y esto hace que a veces estamos cansados, deprimidos o apáticos, sin causa aparente. Puede tratarse de liberación de viejas memorias. Tened en cuenta que cada vez estamos ahondando más profundamente en nuestro subconsciente y en nuestras memorias pasadas. La memoria del momento de oscuridad aún resuena en nosotros, aunque de manera temporal.

Podemos usar los cristales para ayudarnos en esos momentos y permitir a los nuevos códigos hacer su función de la mejor manera para nuestro cuerpo físico.

Recuerda escuchar a tu cuerpo y darle lo que te pida. Si estás cansado, descansa, duerme, relájate. Visita espacios naturales para beneficiarte del oxígeno puro de los árboles, donde te sientas en paz y tranquilo. Cuida tu alimentación y evita los tóxicos y químicos para ayudar en la depuración. Medita y establece conexión con tu Ser para sentirte alineado con él.

Coge tu cuarzo blanco y colócalo en tu chakra corona. Visualiza cómo se forma una pirámide en la que tu chakra corona es el vértice. Siente cómo los rayos que atraviesan ese cuarzo bañan tu cuerpo de luz y de amor. Esta luz llega a todas las células, a todos los rincones, y tú permites y te dejas hacer.

Coge ahora el cristal y colócalo a la altura del chakra segundo. Deja que la luz conecte con tu capa emocional y se aligere el flujo de emociones.

Me permito sentir.

Solo eso, permito sentir y liberar energías atascadas. Puedes entregar cualquier emoción que quieras a la tierra a través del cordón de conexión a tierra.

Cuando te sientas calmado y en paz, coloca el cuarzo blanco delante de tu plexo solar.

Visualiza cómo los rayos de luz incrementan la luz de tu Sol interno. Permítete manifestarte en toda tu expansión. Muestra tu Luz, muéstrate como eres.

Yo soy
Yo Soy
Yo Soy

Termina el ejercicio cuando así lo sientas. Deja el cristal y corta conscientemente la conexión con él. Recupera tu cuerpo físico y hazte dueño de él nuevamente.

Cuidados del cuerpo físico

También los cristales nos ayudan a embellecer nuestra apariencia física, no solo tratan nuestros cuerpos sutiles.

Cabello

Para todos los temas relacionados con el pelo, ya sea calvicie, grasa, caspa, caída excesiva, querer que esté más fuerte…, la galena es una piedra muy idónea.

Podemos preparar agua de galena por el método indirecto, pues la galena es tóxica, y luego aplicarla en el lavado habitual de la cabeza.

El pelo no es solo pelo. Es también el conjunto de nuestras antenas de prana, de energía vital, y nutre nuestro cuerpo físico.

Acné

Hay veces que tenemos la piel más grasa y nos salen granitos. Estos granitos nos muestran que sería aconsejable una depuración del organismo, que quizá hemos tomado demasiados tóxicos y que a nuestro cuerpo le cuesta depurarlos.

Vamos a hacer una solución con amatista, aventurina verde o idocrasa. Elige la que más resuene contigo.

Realizaremos la solución por el método indirecto, esto es, metiendo la piedra en un recipiente seco y este a su vez en agua mineral (como al baño María).

Pondremos el recipiente al sol durante ocho horas y luego usaremos esta agua para lavarnos la cara. Puedes utilizar una gasa empapada en el agua y pasártela por la cara.

Prepara el agua cada día, pues al no llevar conservantes, no queremos que se estropee, por lo que no mantendremos la solución más de veinticuatro horas.

Revisa tu alimentación por si tienes que reducir toxinas. Unos días con una alimentación más centrada en frutas, verduras, cereales y legumbres, así como tomar mucha agua, te ayudará en el proceso.

Dolores musculares

Como siempre en estos casos, abordaremos el cuerpo en su conjunto, atendiendo por una parte las manifestaciones físicas y acompañándolo de la meditación necesaria para entender qué nos está queriendo decir. ¿Tenemos tirones musculares en las piernas?, ¿en la zona lumbar?, ¿en los brazos?... En cualquier caso va a estar relacionado con el tipo de conflicto que estamos viviendo.

Por ejemplo, si se trata de tirones en las piernas, pueden tener que ver con el lugar al que se dirigen nuestros pasos o con la velocidad a la que estamos avanzando. ¿Estoy en el camino alineado con mi alma o me estoy desviando?, ¿voy demasiado lento o me he frenado a causa del miedo?, ¿qué es lo que temo?

Para aliviar el cuerpo físico, podemos colocar un jaspe amarillo en la zona a tratar. Si he notado que hay miedo escondido, puedo usar algún cristal sobre el timo para disolver el miedo conscientemente. Si, además, siento dolor en la zona lumbar (miedos relacionados con el dinero la gran mayoría de las veces), trabajaré en los chakras estrella de la tierra y raíz para potenciar mi manifestación divina y confiar en que me llegará todo lo que necesite.

Utiliza los cristales como hemos visto y anímate a investigar por ti mismo nuevas disposiciones. Anota siempre tus impresiones en tu cuaderno de trabajo, pues eso te permitirá en un futuro establecer la relación cristal-efecto en tu propio cuerpo.

Tu propia maestría 19

Los cristales llaman a quien reconoce su poder

A lo largo de todos los ejercicios planteados en el libro, has podido ir profundizando en tu propia maestría, haciendo más caso a tu intuición que antes era siempre desprestigiada por la mente.

Los cristales no solo actúan por color, por supuesto, pero es una manera muy fácil de ir acercándonos a su manera de acción y, sobre todo, de que nosotros vayamos aprendiendo cómo funciona nuestra capacidad intuitiva.

Conforme vayas adquiriendo más confianza en ti y en tus capacidades, te apetecerá probar disposiciones nuevas. ¿Y qué pasa si pongo un jaspe rojo en el cuarto chakra? ¿Qué notaré si coloco un aguamarina en el tobillo?… Solo tú podrás averiguarlo.

Mi consejo es que sigáis vuestra intuición y practiquéis con vuestra colección de cristales allí donde os apetezca experimentar.

Todos los que se sienten atraídos por los cristales, ya los han usado antes, en otro tiempo, en otro espacio. Civilizaciones antiguas como Lemuria, Mayas, Atlántida o Egipto usaban los cristales como herramientas de sanación y como instrumentos para elevar sus vibraciones. A través de tus Registros y de la conexión que estableces con los cristales, puedes acceder a esos conocimientos que tenías, pues están en ti.

Hay cristales que resuenan con este tipo de civilizaciones, es más, si llega a ti uno de estos cristales, es seguro que tú mismo te encargaste de que te llegara este cristal, tu cristal.

Puedes reconocerlos por códigos, marcas triangulares, por la forma y las caras del cristal… y se accede a ellos a través de la meditación.

En el mercado puedes encontrar una serie de cristales llamados cristales Maestros, algunos los llaman también Atlantes, por lo que resuenan con la civilización perdida de la Atlántida. Estos cristales son en su mayoría de uso personal, ayudan a trabajar en cotas más profunda de tu subconsciente para ir liberándote de estos patrones antiguos de dolor y separación, y acercarte más al de Unidad y amor incondicional.

Nos ha tocado vivir un tiempo de transición entre la tercera y la quinta dimensión. Entre la era de la mente y la de la intuición, entre el pensar y el sentir. Hay una frase que me encanta y que resume perfectamente este periodo:

*No se trata de entender,
se trata de sentir.*

Los cristales nos han acompañado a lo largo de todas nuestras encarnaciones. Materializan nuestros pensamientos cuando los usamos como varas de poder, se transforman en bisturís etéricos cuando los usamos para hacer cirugía astral, se convierten en nuestros mejores amigos cuando los usamos como apoyo.

Ellos tienen una vibración muy alta y pura, y resuenan en altas dimensiones, dimensiones de amor y unidad.

Trabajando con los cristales, con las formas de pensamiento, con los rayos sanadores, te irás acercando cada vez más a la quinta dimensión en la que te has propuesto vibrar.

Eres el único responsable de tu vida.

Eres el dueño de tu energía.

El poder está en ti.

Asume y recupera tu poder como Ser creador que eres.

Otros usos para tus cristales

Hemos visto la relación que tienen los cristales con nuestro subconsciente, y por ello podemos utilizarlos para conocernos mejor o incluso como métodos adivinatorios o de consulta a la hora de tomar una decisión.

Tened en cuenta que lo semejante atrae a lo semejante, por lo que el cristal que elijas será aquel que está resonando contigo en algún punto.

Coge tus cristales y juega con ellos.

Test estructura cristalina

Los cristales se agrupan en familias de acuerdo a su estructura interna, pero ¿sabíais que las personas nos sentimos atraídas por los cristales que tienen el mismo patrón que nosotros?

Nuestra forma de vida o manera en que afrontamos las cosas puede clasificarse de igual forma que se organizan los átomos de los cristales, ¿no os parece maravilloso?

¿Te gustaría saber cuál es tu principal forma cristalina?

Solo tienes que mirar las fotos de estos ocho cristales y elegir aquella sobre la que tu vista se quede clavada. Luego, busca bajo qué estructura cristalina está organizada su estructura y comprueba si resuena contigo.

Por supuesto, no somos 100% una estructura, sino que hay una que es más dominante. También puede variar en periodos de crisis o catarsis.

Lapislázuli. Estilo de vida cúbico

En este estilo de vida, la palabra clave va a ser **control.**

¿Y a qué nos lleva ese control?, pues a un tipo de vida marcado por el orden, la rigidez, por no dejar nada al azar. No hay flexibilidad ni espontaneidad. Suele haber muchos hábitos y rituales diarios, todo se planifica al detalle para poder controlar la situación.

De pensamiento lógico, las personas con este estilo de vida no se dejan guiar por los sentimientos. En lo externo, muestran un aspecto cuidado y que se mantiene a lo largo del tiempo sin cambios de estilo, de peinado… Son propensos a vicios constantes y limitados por sus propias normas internas, llegando a sufrir un conflicto interno al infringir esas reglas.

Desconfían de la ayuda externa, se aferran testarudamente a unos patrones y costumbres que les resulta muy difícil cambiar.

Aguamarina. Estilo de vida hexagonal

Aquí la palabra clave va a ser **perseverancia.**

En este estilo de vida, la persona se encuentra cómoda ante un camino recto, marcado y definido en un objetivo, no saliéndose de él ni desviándose, cosa que produciría un conflicto. Los objetivos se cumplen por orden, primero uno, luego otro. No hay tiempo perdido ni lugar para el aburrimiento.

De pensamiento claro y analítico, son personas sólidas, minuciosas y satisfechas cuando todo sale según lo fijado. Muy individualistas a la hora de trabajar, aunque no les gusta ser el centro de atención o la guía de alguien, prefieren estar en segundo lugar o permanecer junto al líder, pues se frenan antes de conseguir llegar al tope. En ellos hay una necesidad imperiosa de fijarse metas.

Amatista. Estilo de vida trigonal

Palabra clave que usaremos: **sencillez.**

Este tipo de personas son estables, de vida sencilla y sosegada. No hay excesos, ellos prefieren invertir el mínimo esfuerzo para obtener un máximo resultado. Todo lo quieren fácil, simplifican su vida para ello y reducen procesos. Muy prácticos, por tanto. Evitan los conflictos y esa estabilidad es apreciada por los demás, que los buscan para oír sus consejos.

Externamente, tienen tendencia a engordar. Y esa existencia calmada y pausada les va llevando a sentir cada vez menos interés por la vida de los demás; incluso dejan de prestar atención a amistades y relaciones, y terminan por sentirse solos en su vida afectiva. Pero simplemente han de recordar su calma y su equilibrio para salir de esa apatía.

Apofilita. Estilo de vida tetragonal

Palabra clave: **dos caras; una externa y otra interna.**

Estas personas pueden dar la impresión de que están muy seguras y controlan todo, aunque la realidad es que están lejos de ello. Por lo general, planifican con antelación, les gusta lo nuevo y lo desconocido y se encuentran preparados para aprender en cada reto. De análisis rápido, valoran e interpretan inmediatamente la información de la que disponen y están muy influenciados por el sentimiento que tengan en ese momento.

Pueden sentirse seguros, aunque solo se lo comunican a quienes ellos deciden. Tanto sus pensamientos como sus sentimientos. Pueden llegar a aparentar externamente un modo de vida completamente distinto, pudiendo incluso vivir con varias identidades. El aspecto externo va a ser muy cambiante y con ello se relaciona también el peso corporal.

Peridoto. Estilo de vida rómbico

Palabra clave: **evolución continua.**

Se trata de un estilo de vida similar a un río largo y tranquilo. Una vida que va evolucionado continuamente y sin incidencias especiales. A veces aparecen dificultades, problemas, crisis, depresiones…, pero con la misma facilidad que surgen desaparecen, así como de imprevisto. La vida va pasando entre largos periodos en los que no ocurre nada y cambios súbitos e inesperados que van marcando alteraciones.

No les suele gustar planificar en exceso. Son meticulosos y discretos en las iniciativas. Serviciales, les gusta trabajar en grupo. Muy comprensivos, sintonizan muy bien con el sentimiento de los demás. Empáticos y grandes anfitriones.

Piedra luna. Estilo de vida monoclínico

Palabra clave: **vaivén.**

En esta ocasión, tenemos un estilo de vida marcado por un vaivén continuo, cambios y oscilaciones que no dejan a la persona comprometerse el tiempo suficiente para llevar a cabo las metas fijadas de una manera pausada y relajada; al contrario, se enfrenta a ellas de un modo espontáneo y visceral.

Tremendamente influenciados por el estado de ánimo, a ojos de los demás estos individuos pueden parecer imprevisibles, pero ellos solo se entienden a ellos mismos de esta manera. Sus cambios de humor les llevan a pasar de estados de ira o enfado a la calma más absoluta en cuestión de segundos.

Labradorita. Estilo de vida triclínico

Palabra clave: **subjetividad**.

Muy parecidos a los monoclínicos, aunque mucho más extremos, pues pasan de un extremo a otro y de un polo a otro con tremenda facilidad. Para ellos el tiempo es subjetivo: o pasa tan rápidamente que no les da tiempo a apreciar nada, o parece alargarse tanto que se hace soporífero.

Imposible planificar. O todo va genial, o de repente se tuerce y todo se vuelve el más absoluto de los caos. Tienen pensamientos vacilantes y volubles. Son extremadamente creativos y están llenos de ideas. Cuando estas se presentan, tienen que llevarlas a cabo, de lo contrario se desvanecerán. Alternan días muy creativos con otros de sequía.

Pero en ellos todo cambia cuando aceptan que las casualidades no existen y que todo obedece a un plan mayor. Esto les lleva a despreciar las dificultades cuando eligen una opción y siempre ocurre algo nuevo y excitante en sus vida. Eso los mantiene despiertos y alerta. Cuando su instinto se desarrolla, se desarrollan otras capacidades como la clarividencia. Cuanto más la ejercitan, más fiables se hacen esas canalizaciones y el poder de su intuición.

Obsidiana. Estilo amorfo

Palabra clave: **versatilidad**.

En este estilo de vida, todo se vuelve nuevo e irrepetible: cada momento es único. La forma de vida de estas personas es la espontaneidad, y realizan rápidamente todo cuanto se les ocurre o, de lo contrario, dejarán de tener interés y la idea se desvanecerá.

A veces son tan intensos que muestran todos los sentimientos al mismo tiempo. Para ellos es peligroso aferrarse al momento, pues, de lo contrario, hace perder su frescura, vitalidad y espontaneidad, y olvidar quiénes son y qué es lo que les motiva. Si se desmotivan, se vuelven apáticos. Pero esa apatía se puede corregir haciendo que surja un nuevo tema que despierte su interés y que dé sentido nuevamente a su existencia.

Son genios, pioneros, creadores, inventores y excéntricos.

No hay un tipo mejor o peor que otro. Todos son excelentes y el conocimiento de nosotros mismos es lo que nos hace ganadores y permite aprovechar nuestra manera de ver y entender la vida.

Yo puedo ser una persona muy organizada o muy caótica, da igual. Lo importante es que si yo sé que soy organizada, cuando quiera conseguir algo trazaré mis metas a alcanzar y estableceré mi plan de acción.

Aprender a fluir con el momento que vives será imprescindible para no experimentar tensiones.

¿Y cómo puedo aprovechar esta estructura cristalina en mi beneficio?

¿Te has planteado cómo quieres vivir este nuevo año? ¿Quizás te gustaría ser más flexible o poner tu vida en orden?...

Aprender a fluir con la situación que te rodea, aprovechar las oportunidades que salen a tu paso, despertar o reactivar tu creatividad dormida, atreverte a hacer o aprender eso que llevas años retrasando... Si este es tu caso, sin duda deberías llevar un cristal **monoclínico**, **triclínico** a **amorfo** contigo.

Si, por el contrario, necesitas poner orden en tu vida, establecer metas concretas, tener un guión que te lleve al éxito, tu cristal será un **cúbico** o **hexagonal**.

Si estás inmerso en un cambio de vida o de costumbres, si no has encontrado aún tu verdadera vocación o no estás viviendo tu vida como si de unas vacaciones infinitas se tratara, tu cristal será **trigonal, tetragonal** o **rómbico**.

Ahora que ya sabes la estructura cristalina que más va contigo, aquí tienes una lista de cristales agrupados por ella:

Cúbico: diamante, fluorita, pirita, magnetita, granate, lapislázuli, blenda.

Hexagonal: apatito, aguamarina, berilo, morganita, esmeralda.

Trigonal: turmalinas, amatista, cristal de roca, citrino, cuarzo ahumado, rubí, zafiro, calcita, dolomita, magnesita, rodocrosita.

Tetragonal: apofilita, rutilo, zircón.

Rómbico: aragonito, peridoto, topacio.

Monoclínico: selenita, azurita, epidoto, jade, kuncita, lepidolita, malaquita, piedra luna, nefrita.

Triclínico: labradorita, piedra sol, cianita, turquesa, rodonita.

Amorfos: moldavita, obsidiana, ámbar, ópalo.

Los cristales como método adivinatorio

Mete en una bolsita opaca un cristal de cada uno de estos colores: negro, rojo, naranja, amarillo, verde, azul, violeta, blanco y opalescente.

Vas a sacar tres cristales. El primer cristal se corresponderá contigo, el segundo con la situación externa y el tercero será una síntesis del momento.

Primer cristal: yo.

Segundo cristal: la situación, el entorno, el medio externo.

Tercer cristal: la síntesis, ayuda o guía para desbloquear la situación.

Consulta la guía adjunta sobre el significado de cada color. Puedes establecer un diario de tiradas y así comprobar e ir perfeccionando tu manera de interpretar el cristal de la tirada.

Guía sobre el significado de cada color

Color	Yo	Medio externo	Síntesis
Negro	Exceso de energía, bloqueo, duda, miedo	Es necesario quitar tensión, relajar, pacificar. Encontrar aquello que nos aporte seguridad y estabilidad	Evita distracciones que te desvíen de tu objetivo. Si te concentras y prestas atención, encontrarás aquello que genera tu propia luz
Rojo	Exceso de energía, desconcentrado, muy activado, exceso de estímulos y energía	Hay muchos sentimientos que han hecho su aparición y hay dificultad para controlarlos. Tiempo de impulsos y de nuevos aprendizajes	Energía desbordante que acelera el desarrollo y crecimiento espiritual. Mejora la convivencia entre todas las personas. Consensos, cooperación
Naranja	Energía renovada, optimismo, creatividad	Situación estimulante, llena de energía, alegría, espontaneidad, sensualidad	Estas en el camino correcto para descubrirte. Armonía, equilibrio y justicia

Color	Yo	Medio externo	Síntesis
Amarillo	Activo, estimulado, con ideas nuevas, sociable	Situación de suerte y despreocupación. Verás cuáles son tus necesidades y tus deseos.	Solo has de confiar en ti mismo, asumir tus capacidades y encontrarás tu propia maestría interior
Verde	En estado de armonía, tranquilo, equilibrado	Deja que salgan los sentimientos que guardas. Libérate de aquello que te oprime. Estate pendiente de tus sueños, pues te mostrarán ideas y mensajes importantes	Toma la iniciativa en aquello que te gustaría emprender. Llénate de optimismo, alegría y vitalidad para encontrar el éxito. Enfócate en él
Azul	Relajado, equilibrado	Supera el miedo y enfréntate a la situación con franqueza y sinceridad. Encuentra cooperación en los que te rodean.	Libérate de aquello que te oprime y te tiene cautivo. Busca el equilibrio interior. No descuides tu crecimiento interno

Color	Yo	Medio externo	Síntesis
Violeta	Relajado, pensativo	Busca y promueve el acuerdo. Siente empatía por aquellos que te rodean para encontrar la mejor manera de abordarlo	Tiempo excelente para descubrir tu propia verdad, recuperar conocimientos ancestrales y encontrar serenidad y equilibrio
Blanco	Estado puro, sincero, relajado. Te muestras tal cual eres en este momento	Situación clara que se presenta tal cual es. Esto te llevará a conocerte más a fondo y encontrar un estado de equilibrio interno	Es tiempo de crear, innovar, sentir que todo es posible y que puedes tenerlo todo y alcanzar la perfección que te gustaría
Opalescente	Estimulado, en periodo de gran creatividad y proclive a llevar a cabo proyectos	Busca el lado divertido de la situación. Quita hierro a lo que te preocupa y estimula aquello que te da alegría de vivir	El juego es un gran aliado. Mira la situación desde un punto de vista lúdico y alegre. Sigue la espontaneidad. Saca a tu niño interior

Resultado sobre Test estado de chakras

Suma los puntos por cada respuesta afirmativa que hayas marcado.

Las respuestas con 0 puntos indican situaciones que se pueden manifestar cuando los chakras están cerrados.

Chakra estrella de la tierra

PREGUNTAS	Sí/No	Puntuación
Mi vida es plena		1
Me gusta estar en la tierra en este momento		2
Siento miedo por la situación caótica que hay en el mundo		0
No me gusta mi vida actual, estoy muy alejado de mi vida ideal		0
Acepto y quiero mi cuerpo físico		1
Siento que no tengo el control sobre mi vida o en algunas áreas (dinero, trabajo, familia…)		0

Chakra primero

PREGUNTAS	Sí/No	Puntuación
Me siento cómodo en el mundo físico		1
Siento que la tierra no es mi casa		0
Soy una persona muy vital y enérgica		1
No tengo una gran vitalidad		0
Disfruto con el ejercicio físico		1
Evito cualquier actividad que requiera esfuerzo físico		0

Chakra segundo

PREGUNTAS	Sí/No	Puntuación
Consideras que tienes una vida sexual sana y plena		1
Tienes ilusión por realizar alguna de tus actividades diarias		1
Sabrías cuál es tu pasión		1
Dificultad o molestias durante la relación sexual		0
Eres de los que consigue aquello que se propone		1
Tienes un trabajo tedioso que no te motiva en absoluto		0
Poco impulso o desinterés por el sexo		0
Gran necesidad de relaciones, pero sin compromiso con una pareja		0

Chakra tercero

PREGUNTAS	Sí/No	Puntuación
Mi vida emocional es plena y satisfactoria		1
Bloqueo mis emociones para evitar que me hagan daño		0
Me acepto tal cual soy		1
Me critico a mí mismo. Uso «debería haber dicho, hecho…»		0
No soy una persona de acción		0
Me gusta tener todo bajo control		0
Acepto a los demás como son		1
Tengo gran autoestima		1
Soy autoritario		0
Tengo miedo a destacar		0
Mi estómago es liso		1
Tengo exceso de peso en el abdomen		0
Me siento conectado a mi plan divino		1
Mis hábitos alimenticios son saludables. Cuido mi salud física y mi alimentación		1
Me enfrento a lo desconocido sin miedo y con decisión		1
Me consideran «frío o calculador»		0
Necesito comer *chuches* o tomar bebidas estimulantes para captar energía		0
Busco el reconocimiento en los demás		0

Chakra cuarto

PREGUNTAS	Sí/No	Puntuación
Amo a todos los seres vivos		1
Veo belleza en todo lo que me rodea		1
Vivo en paz, sin conflictos externos		1
Soy tolerante con la opinión de los demás		1
Mi lema es «vive y deja vivir»		1
No encuentro un propósito a mi existencia		0
Mis relaciones no son duraderas		0
Me cuesta ceder cuando otro piensa diferente		0
A veces me siento solo		0
Todo lo que vivo está en armonía con mi plan divino		1
Soy comprensivo y compasivo		1
Siento que las circunstancias me impiden alcanzar aquello que quiero		0
Cuando tengo todo bajo control, es más fácil que todo salga perfecto		0
Los demás sabotean o van en contra de mis planes		0
Soy celoso con mi pareja		0

Chakra quinto

PREGUNTAS	Sí/No	Puntuación
Creo que los demás tienen mucho poder sobre lo que pasa en mi vida		0
Soy el único responsable de todo lo que me pasa		1
Soy creativo en cualquier forma o talento		1
Tengo especial talento para cantar, recitar, leer, expresarme en público		1
A veces parece que tuviera telepatía		1
El mundo es un lugar hostil		0
La mayoría de las personas me tratan con hostilidad, violencia o me humillan		0
No tengo capacidad creativa		0
Tengo muchas ideas, pero no las materializo		0
Mi profesión es mi pasión		1
Mi trabajo permite que desarrolle por completo mis dones o talentos		1
Siento apatía en el trabajo		0
Sé que sería muy bueno si trabajase en otra cosa		0
Me siento víctima de los demás		0
Tengo mala suerte y no consigo lo que quiero		0
El miedo al fracaso me impide hacer cosas nuevas o arriesgadas		0
Temo no gustar a los demás		0

Chakra sexto

PREGUNTAS	Sí/No	Puntuación
Soy intuitivo		1
Sigo siempre mi instinto		1
Veo luces o colores cuando cierro los ojos		1
Tengo capacidad de visualización		1
Siento que mi creatividad está bloqueada		0
A veces me siento confundido mentalmente		0
Tengo muchas ideas, pero no dan resultado o no se materializan		0
Creo que no tengo éxito porque las circunstancias no me son favorables		0
Desisto de procesos largos cuando quiero materializar ideas		0
Mis ideas son más negativas que positivas		0
El mundo es un lugar hostil		0
Prefiero trabajar con las ideas de otro que crear las mías		0

Chakra séptimo

PREGUNTAS	Sí/No	Puntuación
Vivo abiertamente mi espiritualidad		1
Me siento conectado a todo lo que me rodea		1
Siento que soy parte del Cosmos		1
No tengo conciencia de unidad con el prójimo: «Yo soy yo y tú eres tú»		0
No me considero un intelectual		0

ÍNDICE REFERENCIADO A CRISTALES

Ágata 53, 84, 103, 113
Ágata amarilla 54, 136
Ágata azul 203
Ágata botswana 103-104
Ágata de fuego 54, 113
Ágata musgosa 159, 176, 178, 186, 190
Ágata negra 63, 76, 253
Ágata verde 128, 176
Aguamarina 157, 179, 186, 215, 279, 284
Amatista 54, 70, 104, 226, 232, 234, 237, 240, 265, 273, 280, 284
Amazonita 176, 179, 203-204, 209
Ametrino 226
Angelita 247
Apofilita 54, 204, 209, 246, 259, 280, 284
Aqua aura 228
Aventurina oro 54, 136, 154, 159, 178
Aventurina verde 54, 128, 176, 191-192, 273

Azurita 203, 209, 211, 213, 237, 270, 284

Berilo 54, 136, 284

Calcita amarilla 54, 136, 149-150, 157
Calcita naranja 54, 113
Calcita verde 176
Casiterita 179
Charoíta 54, 217, 226, 234
Cianita 158, 194, 203-204, 209, 247
Citrino 54, 136, 153-154, 169, 226, 246, 265, 284
Cornalina 54, 113, 126, 128, 149, 151, 253-254, 270
Crisocola 176
Crisoprasa 176, 179
Cuarzo ahumado 53, 63-65, 71, 78, 83, 97, 103, 130, 178, 185-186, 253, 284
Cuarzo blanco 31, 54, 76, 79-80, 215, 240, 246, 253, 271-272

Cuarzo catedral 259
Cuarzo hoja 259
Cuarzo rojo 53, 89
Cuarzo rosa 54, 70, 131, 176, 178, 183, 185, 191-192
Cuarzo rutilado 169
Cuarzo turmalinado 63
Cuarzo verde 54, 176, 265
Cuarzo visión 234

Diamante hermirker 54, 246, 255

Epidoto 104, 158, 160, 284

Fenacita 259
Fluorita 167, 216, 226, 228, 237-238, 284

Galena 272
Granate 54, 89, 121, 124, 270, 284

Halita 178
Heliotropo 149-150, 169
Hematite 104
Hemimorfita 178
Howlita 54

Idocrasa 228, 237-239
Iolita 103

Jade amarillo 54, 136
Jade marrón 89
Jade rojo 89, 102

Jade verde 54, 149, 151, 176
Jaspe amarillo 54, 136, 149-150, 157, 169, 274
Jaspe marrón 63
Jaspe rojo 54, 89, 128, 253, 275

Kuncita 54, 176, 179, 284

Labradorita 119, 178, 267-268, 282, 284
Lapislázuli 54, 203, 209, 214, 279, 284
Larimar 228
Lepidolita 217, 259, 284

Malaquita 176, 228, 237-238
Mercaba 196-197, 221, 255-257, 261, 284
Merlinita 259
Moldavita 54, 178, 247, 259, 284

Obsidiana 70, 282, 284
Ojo de gato 215
Ojo de tigre 53-54, 63, 76, 84, 103, 113, 153-154
Okenita 228
Ónix negro 63, 104
Ópalo 284
Ópalo rosa y verde 176

Peridoto 104, 217, 281, 284
Piedra luna 54, 113-114, 119, 129, 186, 267, 281, 284

Piedra sol 54, 136, 154, 169, 284
Piedras boji 53, 63, 257
Pietersita 228, 234, 259
Pirita 179, 284
Prasiotrino 265
Prehnita 234

Rodocrosita 54, 176, 191
Rodonita 54, 104, 114, 131, 176, 217, 284
Rubí 54, 89, 102, 165, 178, 284

Selenita 30, 54, 70, 113, 126, 186, 212, 284
Selenita melocotón 113

Serafinita 228
Shiva ligam 54, 121, 124, 270
Shungit 240
Sodalita 54, 203, 209, 214
Sugilita 54, 226, 234, 242

Tanzanita 54, 226, 242, 259
Turmalina negra 63, 81-82
Turquesa 54, 73, 203, 209, 214, 284

Vanadinita 63, 159, 193-194

Welfenita 179

Zoisita 165-166, 179

El presente libro ha sido elaborado cuidadosamente.
No obstante, del contenido de las indicaciones no se deriva
ninguna responsabilidad ni por parte de la autora ni la editorial
por los posibles inconvenientes o perjuicios que pudieran resultar
de los consejos contenidos en el libro o la inadecuada praxis
de algunas de las explicaciones o recomendaciones.